新宿駅はなぜ1日364万人をさばけるのか

田村圭介　上原大介

SB新書
337

西武新宿駅
ホテルグレイスリー新宿
新宿東宝ビル
歌舞伎町(2)
新宿(6)
新宿6丁目
東京メトロ副都心線
新宿プリンスホテル
西武新宿ペペ
歌舞伎町(1)
区役所通り
新宿大ガード東
ゴールデン街
新宿区役所
サブナード
花園神社
新宿(5)
ヤマダ電機
靖国通り
明治通り
アルタ
新宿5丁目
新宿ピカデリー
新宿マルイ メン
新宿駅
紀伊國屋書店
新宿5丁目東
メトロプロムナード
伊勢丹新宿店
東口
ルミネエスト
ビックロ
小田急百貨店
東口地下街
武蔵野館
新宿三丁目駅
新宿マルイ本館
新宿駅
中央東口
新宿3丁目
新宿(3)
新宿(2)
新宿2丁目
大塚家具
中央西口
新宿マルイアネックス
フラッグス
新宿通り
ミロード
ルミネ新宿 ルミネ2
新宿4丁目
ルミネ新宿 ルミネ1
都営新宿線
南口
甲州街道
新宿高校
天龍寺
新宿御苑トンネル
JR新宿ミライナタワー
バスタ新宿
新宿(4)
新宿御苑
内藤町
JR東日本本社ビル
JR山手線
JR中央・総武線
JR埼京線
新宿タカシマヤ
千駄ケ谷(5)
明治通り
渋谷区
千駄ケ谷(6)
小田
新宿全体図（地上/地下）
0
100m
1:10,000

成子天神下
青梅街道
西新宿(8)
新宿区
西新宿(7)
都営大江戸線
西新宿駅
東京メトロ丸ノ内線
西新宿(6)
新宿オークタワー
東京医大病院
新宿警察署前
常円寺
常泉院
新宿警察署
アイランドタワー
新宿野村ビル
タイムズアベニュー
ヒルトン東京
損保ジャパン日本興亜ビル
新宿西口ハルク
エルタワー
三井ビル
第一生命ビル
新宿センタービル
コクーンタワー
ブックファースト
新宿住友ビル
ハイアットリージェンシー東京
中央通り
西口中央広場
都庁前駅
中央通り地下道
工学院大学
明治安田生命ビル
京王プラザホテル
新宿郵便局
京王百貨店
都議会議事堂
ヨドバシカメラ
東京都庁第一本庁舎
西新宿(2)
西新宿(1)
新宿中央公園
公園通り
プラザナード
京王モール
西新宿1丁目
新宿モノリスビル
明宝ビル
京王モールアネックス
新線新宿駅
東京都庁第二本庁舎
新宿NSビル
KDDIビル
シーズンロード
京王線
ワンデーストリート
京王新線
代々木(2)
西新宿2丁目
サンルートプラザ
新宿ワシントンホテル
マインズタワー
西新宿(3)
代々木(3)

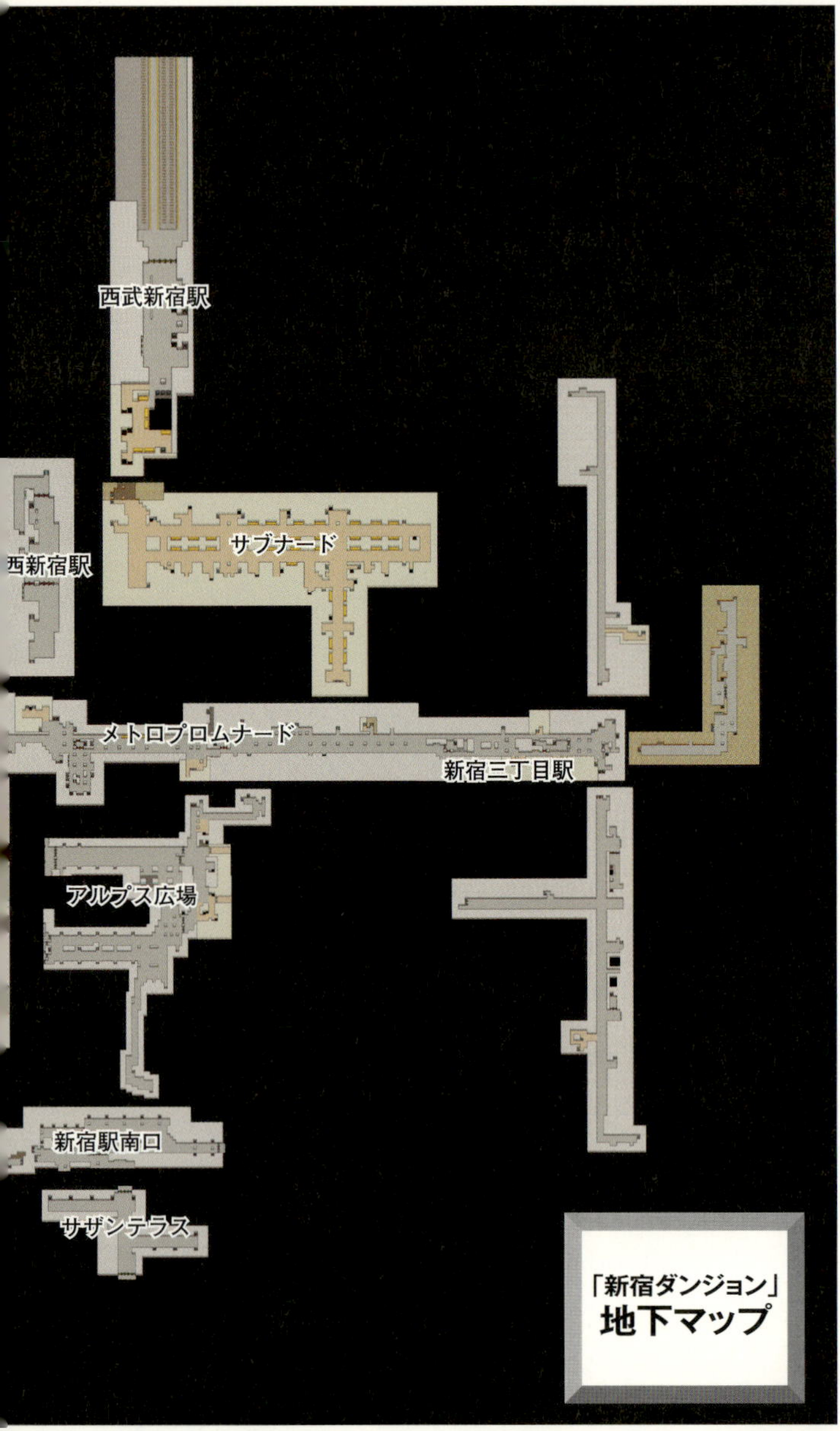
西武新宿駅
西新宿駅
サブナード
メトロプロムナード
新宿三丁目駅
アルプス広場
新宿駅南口
サザンテラス
「新宿ダンジョン」
地下マップ

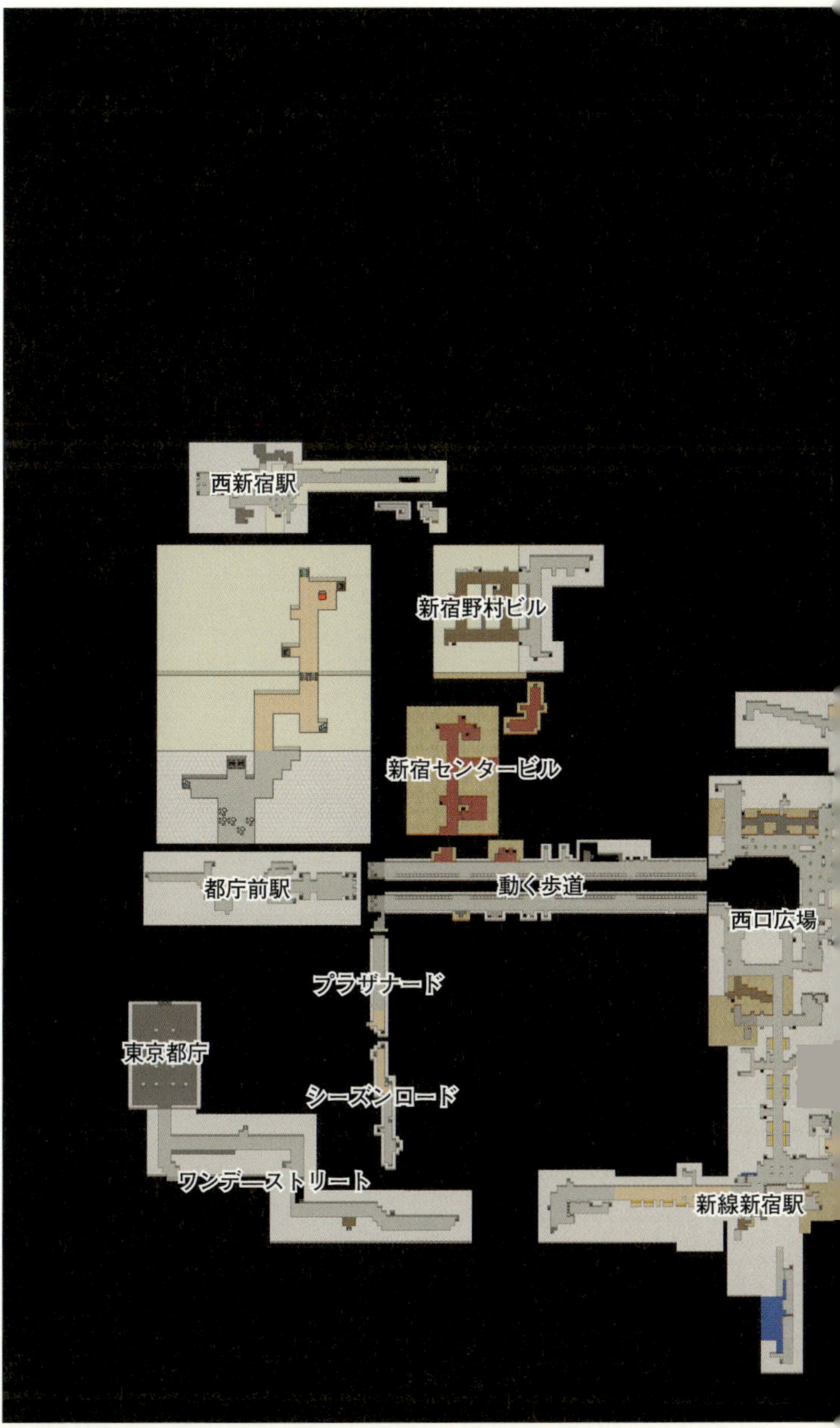

西新宿駅
新宿野村ビル
新宿センタービル
都庁前駅
動く歩道
西口広場
プラザナード
東京都庁
シーズンロード
ワンデーストリート
新線新宿駅

新宿全体図
（地上のみ）
0
100m
1:10,000
西武新宿駅
ホテルグレイスリー新宿
新宿東宝ビル
歌舞伎町（2）
新宿（6
新宿6丁目
東京メトロ副都心線
新宿プリンスホテル
西武新宿ペペ
歌舞伎町（1）
新宿大ガード東
区役所通り
ゴールデン街
新宿区役所
花園神社
新宿（5）
ヤマダ電機
靖国通り
明治通り
アルタ
新宿5丁目
新宿ピカデリー
新宿マルイ メン
新宿駅
新宿5丁目東
紀伊國屋書店
伊勢丹新宿店
小田急百貨店
東口
ルミネエスト
ビックロ
新宿三丁目駅
武蔵野館
新宿駅
新宿マルイ本館
新宿三丁目駅
中央東口
新宿（3）
新宿3丁目
新宿（2）
中央西口
大塚家具
新宿2丁目
フラッグス
新宿マルイ
アネックス
新宿通り
ミロード
ルミネ新宿 ルミネ2
ルミネ新宿 ルミネ1
新宿4丁目
都営新宿線
南口
甲州街道
新宿高校
天龍寺
新宿御苑トンネル
JR新宿
ミライナタワー
バスタ新宿
新宿（4）
新宿御苑
内藤町
JR東日本本社ビル
JR山手線
JR中央・総武線
JR埼京線
新宿タカシマヤ
千駄ケ谷
（5）
明治通り
渋谷区
千駄ケ谷（6）
小田

成子天神下
西新宿(8)
青梅街道
西新宿駅
新宿区
西新宿(7)
都営大江戸線
東京メトロ丸ノ内線
西新宿(6)
新宿警察署前
常円寺
常泉院
新宿オークタワー
東京医大病院
新宿警察署
アイランドタワー
新宿野村ビル
ヒルトン東京
損保ジャパン
日本興亜ビル
新宿西口ハルク
エルタワー
三井ビル
新宿センタービル
コクーンタワー
ブック
ファースト
第一生命ビル
新宿住友ビル
ハイアット
リージェンシー 東京
中央通り
都庁前駅
工学院大学
明治安田生命ビル
新宿郵便局
京王百貨店
京王プラザホテル
都議会議事堂
ヨドバシカメラ
新宿中央公園
公園通り
東京都庁
第一本庁舎
西新宿(2)
西新宿(1)
西新宿1丁目
新宿モノリスビル
明宝ビル
新線新宿駅
東京都庁
第二本庁舎
新宿NSビル
KDDIビル
京王線
京王新線
代々木(2)
サンルートプラザ
西新宿2丁目
マインズタワー
新宿ワシントンホテル
西新宿(3)
代々木(3)
クタワー

新宿全体図
（地下のみ）
0
100m
1:10,000
西武新宿駅
ホテルグレイスリー新宿
新宿東宝ビル
歌舞伎町（2）
新宿（6）
新宿6丁目
東京メトロ副都心線
新宿プリンスホテル
西武新宿ペペ
歌舞伎町（1）
新宿大ガード東
区役所通り
ゴールデン街
新宿区役所
サブナード
花園神社
E1
新宿（5）
靖国通り
E2
明治通り
ヤマダ電機
新宿5丁目
アルタ
新宿ピカデリー
新宿マルイ メン
A10
B13
B12
B10
B9
新宿5丁目東
新宿駅
メトロプロムナード
紀伊國屋書店
A14
A9
B8
B7
A13
A8
A7
B6
東口
B5
伊勢丹新宿店
E3
ルミネエスト
B4
E4
小田急百貨店
新宿駅
ビックロ
A5
B3
C6
C7
東口地下街
A4
B2
新宿三丁目駅
武蔵野館
新宿三丁目駅
C8
A2
C2
C3
新宿マルイ本館
A1
C4
C5
中央東口
新宿（3）
新宿3丁目
新宿（2）
中央口
C1
大塚家具
新宿2丁目
新宿三丁目駅
新宿マルイアネックス
フラッグス
E9
新宿通り
ミロード
ルミネ新宿 ルミネ2
ルミネ新宿 ルミネ1
都営新宿線
新宿4丁目
E5
E10
南口
新宿高校
甲州街道
天龍寺
E6
新宿御苑トンネル
JR新宿ミライナタワー
バスタ新宿
E7
新宿（4）
JR東日本本社ビル
JR中央・総武線
JR埼京線
JR山手線
新宿御苑
内藤町
新宿タカシマヤ
E8
明治通り
千駄ケ谷（5）
渋谷区
千駄ケ谷（6）
小田

成子天神下
西新宿(8)
青梅街道
新宿区
西新宿(7)
都営大江戸線
西新宿駅
東京メトロ丸ノ内線
西新宿(6)
新宿警察署前
常円寺
常泉院
新宿オークタワー
東京医大病院
新宿警察署
アイランドタワー
新宿野村ビル
ヒルトン東京
タイムズアベニュー
損保ジャパン日本興亜ビル
新宿西口ハルク
エルタワー
三井ビル
第一生命ビル
新宿センタービル
コクーンタワー
ブックファースト
新宿住友ビル
ハイアットリージェンシー東京
西口中央広場
中央通り
中央通り地下道
都庁前駅
工学院大学
明治安田生命ビル
京王百貨店
京王プラザホテル
新宿郵便局
都議会議事堂
ヨドバシカメラ
東京都庁第一本庁舎
西新宿(2)
プラザナード
京王モール
新宿中央公園
公園通り
西新宿(1)
西新宿1丁目
新宿モノリスビル
明宝ビル
シーズンロード
京王モールアネックス
東京都庁第二本庁舎
新宿NSビル
KDDIビル
新線新宿駅
ワンデーストリート
京王新線
代々木(2
サンルートプラザ
新宿ワシントンホテル
西新宿2丁目
マインズタワー
西新宿(3)
京王線
代々木(3)
クタワー

大久保通り
若松河田駅
牛込柳町駅
都営大江戸線
余丁町通り
新宿区
防衛省
都営新宿線
曙橋駅
新宿御苑前駅
四谷大木戸
四谷三丁目駅
新宿通り
（旧甲州街道）
玉川上水
四ツ谷駅
四谷駅
新宿御苑
千駄ヶ谷駅
JR総武線
信濃町駅
港区
国立競技場駅
神宮外苑
青山一丁目駅
N
標高凡例
10m
20m
30m
40m
50m
0 100m
500m
1km

国土地理院「基盤地図情報5mメッシュ（標高）」を「カシミール3D」により加工し作成

縮尺 1/25000

新宿駅周辺凹凸マップ

はじめに

1日の乗降客数が世界一多い新宿駅で迷う人は毎日あとを絶たない。「新宿駅」で検索すると、「新宿駅で迷った」というツイート（つぶやき）がない日はなく、**新宿駅は迷っている人が世界一多い駅**と言えるだろう。

この本は、そんな新宿駅を迷うことなく利用したいという方はもちろん、迷宮のような新宿駅の秘密を知りたい、そんな新宿駅を攻略してみたいという方に向けて書かれた本である。

もちろん日ごろ新宿駅を使わない人にとっては、もしかしたら興味のない話かもしれない。でも**「ギネス世界一の乗降客数を誇る駅が、世界一の迷宮だった」**と聞いたら、「一度は行ってみたい」と思わないだろうか。そんな迷宮を知る意味でも、本書を楽しんでみてほしい。

タイトルのとおり、新宿駅は日々、364万人（ギネス世界一）もの人をさばいている。この人数はドイツの首都ベルリンの人口（約350万人）とほぼ同数で、つまり**新宿駅は大きな事故もなく、交通結節点として、ヨーロッパの一つの都市ほどの人間を毎日さばいている**ことになる。

実は新宿地域には「新宿」とつく駅が10もある。「新宿駅」「西武新宿駅」「新宿三丁目駅」「東新宿駅」「新宿御苑前駅」「西新宿駅」「西新宿五丁目駅」「新宿西口駅」「新線新宿駅」「南新宿駅」の10の駅だ。これに加えてたとえば「新宿駅」一つとっても、そこにはJR、東京メトロ（地下鉄）、都営地下鉄、小田急線、京王線それぞれに「新宿駅」があるわけで、これで迷わないほうがおかしい。しかしこれらの駅が確実に、日々の364万人をさばいている。

まずは簡単に、本書が書かれた経緯について、お話ししておきたい。

本書は、**沖縄でゲームプログラマーをしている上原大介と、建築士であり大学で建築を教えている私、田村圭介**による共著である。

駅の空間構造に興味のある建築士の私（田村）が新宿駅に興味をもつのは不思議ではない。面白いのは上原氏だ。上原氏は沖縄に住みながら、上京した際、新宿駅で迷いに迷い、その末に「悔しいからここを攻略してやろう」と新宿を**ドラゴンクエスト**（以後ドラクエ）の迷宮に見立て、ＲＰＧ（ロールプレイングゲーム）の舞台にするアイデアに行きついた。そして自らの足を使って自作した新宿駅の地図をもとに新宿をゲーム化したアプリ**「新宿ダンジョン」**を完成させてしまった。これはロールプレイングゲームランキング１位を獲得し、10万ダウンロードで大ヒットとされるゲームアプリ業界で、なんと50万ダウンロードを突破した。

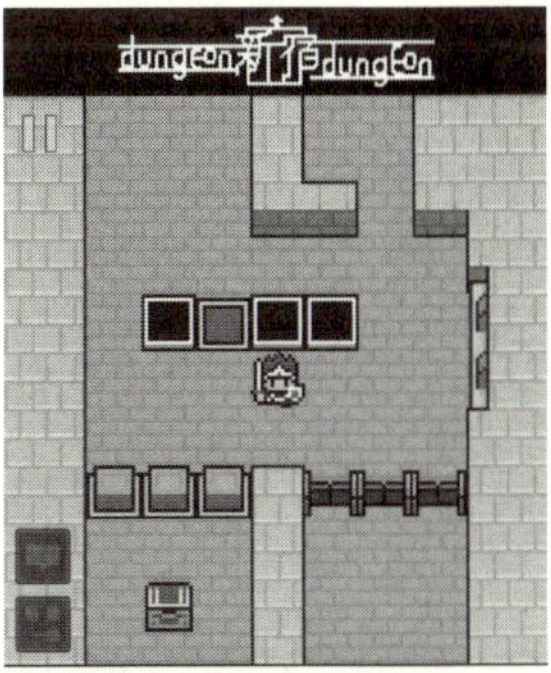

RPG スマホゲームアプリ
「新宿ダンジョン」

私と上原氏の共通点は、新宿の駅に魅せられた者として、ここを徹底的に端から端まで足で歩き、集めた情報をもとにそれを各自の表現方法で再現しているところだ。

これを言うと驚かれるが、**実はこれまで新宿**

の駅にはその全体を示す地図がなかった。これは各電鉄会社が自社が管轄している駅以外の部分も網羅した地図をつくってこなかったせいで、われわれ二人は自分の足でその構造を把握しなければならなかった。この意味でわれわれは、苦労を分かち合った「同志」と言えるかもしれない。

新宿駅は過去から現在に至るまで、絶えることなく増殖を繰り返し、アメーバ状にその規模をじわりじわりと広げている。その増殖の期間は、なんと、**スペインのサグラダ・ファミリアの建築年数より長くなる**と言ったら、誰もがきっと驚くだろう。

今回はこの増殖の一つである「南改札口の開発」が一段落し、新宿駅が新たな顔を見せたタイミングで、われわれの知識を総動員して、新宿駅の謎に迫ろうと、このプロジェクトがはじまった。

ツイートを見ていると、「新宿駅って本当にダンジョン」といった表現をよく見る。**「ダンジョン」**というのは聞き慣れない方もいるであろうが、本文でも何度か出てくる重要なキーワードなので説明しておこう。

「ダンジョン」とは、英語ではDungeonと表記し、辞書を引くと「地下牢、土牢」と出てくるが、ゴッつい中世の砦を想像してもらいたい。壁の表面は岩からそのままもってきたようなゴロっとした大きな石をいくつも積んだようであり、そこには小さな窓がところどころに開いている。外からは中の様子が想像すらできない不気味な空間。中は迷路のように入り組み、モンスターが絶対出てきそうな、**入ったら二度と出てこられないような（コワーい）空間――、これがいわゆるダンジョンだ。**

日本でカタカナ表記のダンジョンが一般的に使用されるようになったのは、上原氏をはじめ、ロールプレイングゲームの舞台として、多くのダンジョンが使われるようになってからである。特に一世を風靡したドラクエの影響は大きい。

つまり、**「新宿駅はダンジョン」**という表現をしている場合、新宿駅の迷宮ぶりをダンジョンに見立てているわけで、これはゲームの中の迷路のような空間性を示している。本書では、新宿駅の地下通路でどこまでもつながり広がっていく空間を「ダンジョン」と表現した。

この新宿駅の空間の探求こそがこの本のテーマであり、その全体像を解読してみようという試みである（そして意外にも、そこには明解な暗号が隠されていた！）。

開放的な空間から閉鎖的な空間へと南改札口が変化してしまったのは、その場所がダンジョンとして改めて登録されたことを意味するが、新宿駅《ダンジョン》はこのように触手を伸ばし、日々、成長していく。新宿ダンジョンは生きているのだ。

皆さんはいまこの迷宮の入口に立つことができたに過ぎない。そして、都市東京の大きな割れ目にできた巨大な新宿駅《ダンジョン》の扉が、いま開かれようとしている。迷宮にはモンスターが現れたり、足下には異物が転がっているかもしれない。くれぐれも気をつけて読み進んでほしい。

２０１６年２月

田村圭介

※本書は以降、田村、上原、二人のガイド（迷宮案内人）が交互に新宿駅《ダンジョン》を解き明かしていく。上原氏はＲＰＧスマホアプリ「新宿ダンジョン」の開発過程を、私田村はそれに沿った新宿の解説を行っている。われわれ二人は年も趣味も異なるが、新宿駅迷宮を案内できる点だけが共通している。

第1章 なぜ人は新宿駅で迷うのか

第2章

新宿に「新宿」とつく駅が10もあるわけ

第3章

新宿を解く三つの暗号

第5章

新宿駅を行き交う364万人とはどういう人か？

第6章 西口地下迷宮の謎

第7章

新宿駅の工事はなぜサグラダ・ファミリアより長いのか

第8章

新宿駅の未来

第1章

なぜ人は新宿駅で迷うのか

構造を知れば新宿駅は迷わない

新宿駅はダンジョンだ　上原

沖縄でゲームプログラマーをしている自分（上原）が、ＧＷに東京に行くことを決めると、東京にいる友人が家に遊びにこいと誘ってくれた。

それまで自分はネクタイをして、毎日会社に通う普通のサラリーマンだった。

仕事は大手メーカーの携帯電話のプログラマー。

夜型の自分にとって通勤は何よりつらく、毎朝が遅刻との戦いだった。

しかも大手メーカーの新規携帯の製作プロジェクトともなると何百人ものプログラマーがそれに関わるわけで、言うまでもなく自分は歯車の一つ。自分が何の役にたっているのかわからないまま仕事を続ける毎日だった。

ある年の3月、会社を辞めた。

安定した収入はなくなったが、散々悩み苦しんだネクタイと遅刻から解放され、自由を手に入れることができた。その後はしばらく、昼間はアルバイトで食いつなぎ、夜は趣味のゲームをつくってネットに公開し、楽しんでいた。

そんな中、仕事を辞めた最初のGW、安い飛行機チケットを見つけたので東京に遊びに行くことにしたわけだ。自分にはGWなるものはないが、人並みに連休気分を味わいたかったのと、この時期は地元が観光客で溢れてしまうため、それから逃げる意味もあった。


那覇空港から羽田へ。

宿は新宿から数駅の、丸ノ内線の駅近くに確保した（といってもネットカフェだが）。

友人の家に行くのに手ぶらで行くのもなんなので、乗り換えをするJR新宿駅で、ちょっと甘いものでも買って行こうと考えた。たしか以前、新宿にきたとき、地下鉄丸ノ内線の改札からＪＲ山手線への乗り換えの間においしいケーキ屋があった記憶がある。店の名前までは覚えていないが、まあ行けばわかるだろう。乗り換えルートの途中だし、勝手がいいのでそこで買って行くことにした。

丸ノ内線で新宿に向かう。新宿駅に着いて電車を降り、人の流れに身を任せて改札を出ると、見覚えのある低い天井の地下道があった。たしかこの地下道の左側にケーキ屋があったはずだ。しばらく歩くと左側に「サブナード」と書かれた案内板と、下に降りる階段が現れた。階段の両脇にはエスカレーターもある。こんな大げさな案内板は記憶にないが、階段を降りた先がケーキ屋だったことは覚えている。

そう思って階段を降りると、地下通路の両脇に店が並んでいた。しかしそこは洋服屋ばかり。まあ少し歩けばケーキ屋が出てくるのだろう。そう思い歩き続けた。

しかしケーキ屋は一向に見つからない。

かなり奥まで歩いてみたが、行き止まりだったり気づけば同じ道を歩いていたり。左を見ても右を見ても、似たようなショッピングアーケードが続いていて、自分がどこにいるのかわからなくなってしまった。

前に新宿駅にきたときと同じルートをたどったはずなのに。

自分はどうやら新宿駅で遭難してしまったらしい。

単なる駅としか思っていなかった新宿駅が、突然巨大な迷路のように思えてくる。

1時間経っても迷路から出られない。迷い続けていると、ふとゲームの「ドラゴンクエスト（ドラクエ）」が頭に浮かんだ。

「ここはまるでドラクエの迷宮（ダンジョン）じゃないか」。

この現実離れした空間が、自分にはもうゲームの一部のように見えていた。

新宿駅第一の攻略法とは　田村

「はじめに」でも触れたが、新宿は「新宿」とつく10の駅でつくられている。

その中心をなす新宿駅は地上2階、地下7階の重層構造で、この中をJR各線、東京メトロ（丸ノ内線）、都営地下鉄（新宿線、大江戸線）、小田急線、京王線が通っている。この複雑な駅の中で上原氏のように迷う人はあとを絶たない。

京王電鉄提供

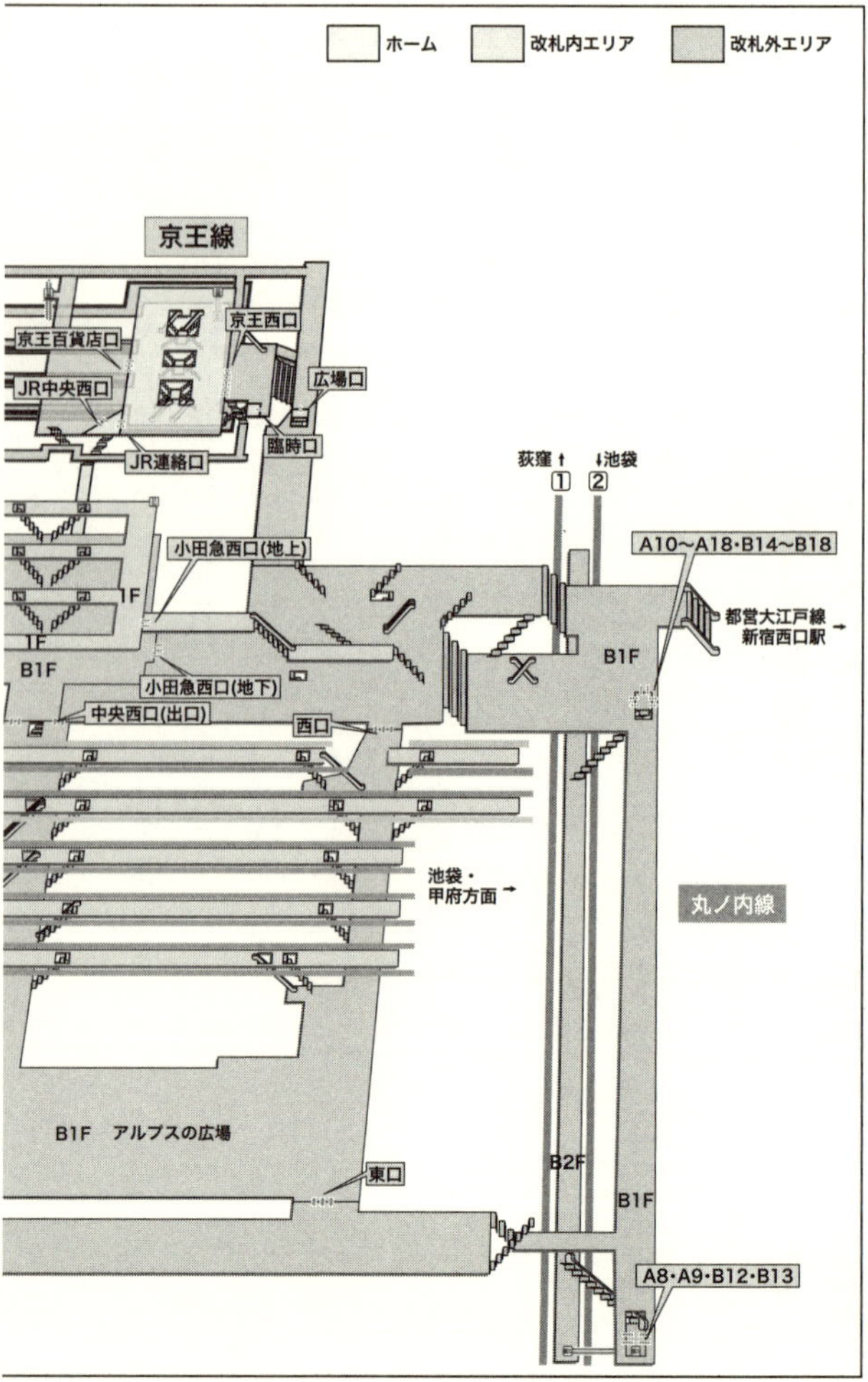

ホーム
改札内エリア
改札外エリア
京王線
京王百貨店口
京王西口
JR中央西口
広場口
臨時口
JR連絡口
荻窪
池袋
1
2
A10～A18・B14～B18
小田急西口(地上)
都営大江戸線
新宿西口駅
1F
B1F
小田急西口(地下)
中央西口(出口)
西口
池袋・
甲府方面
丸ノ内線
B1F　アルプスの広場
東口
B2F
A8・A9・B12・B13

新宿駅の全体図

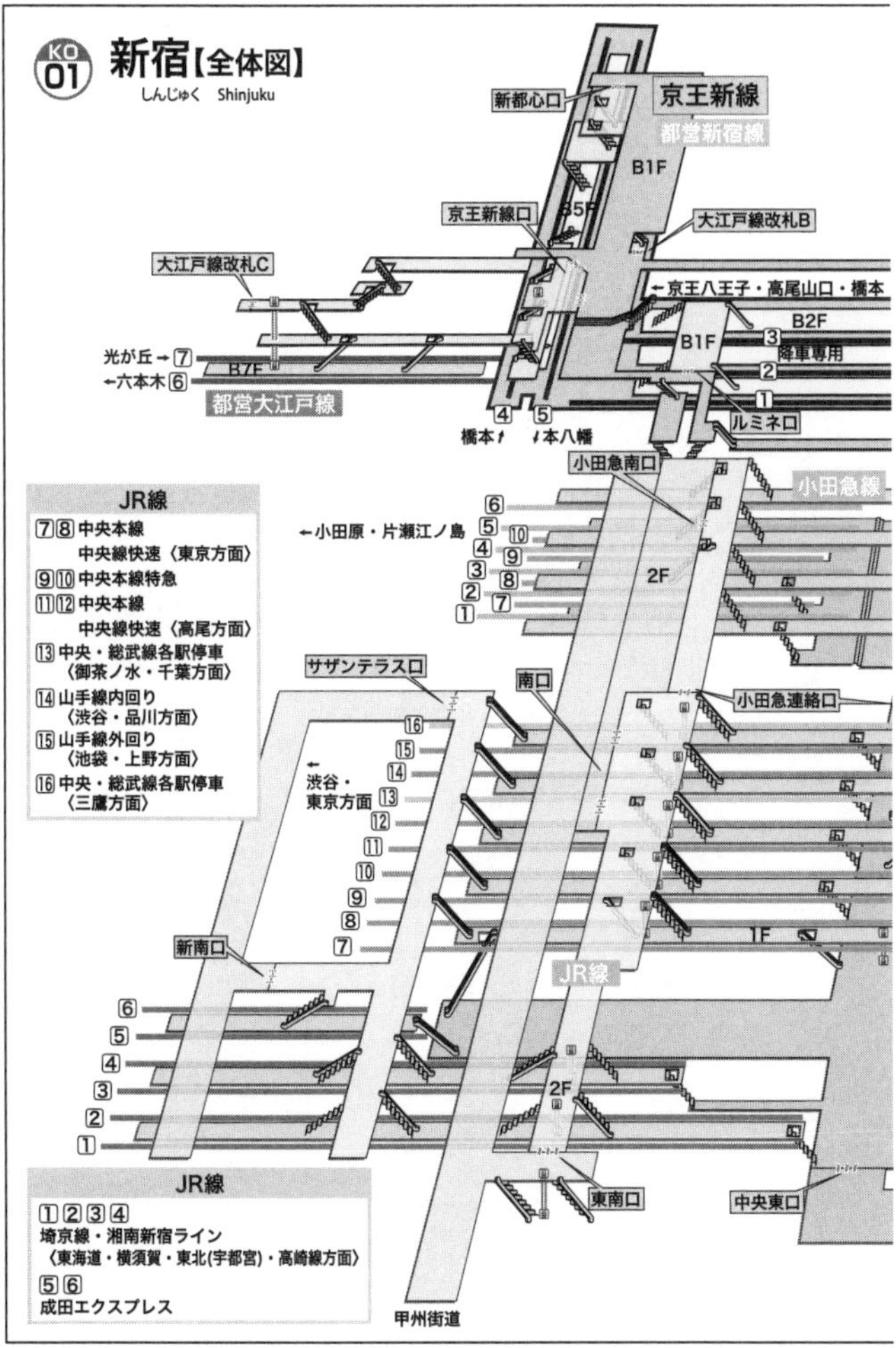

KO 01
新宿【全体図】
しんじゅく Shinjuku
京王新線
都営新宿線
新都心口
B1F
B5F
京王新線口
大江戸線改札B
大江戸線改札C
←京王八王子・高尾山口・橋本
B2F
B1F
3 降車専用
2
1
ルミネ口
光が丘→7
←六本木6
B7F
都営大江戸線
4 5
橋本 本八幡
小田急南口
小田急線
←小田原・片瀬江ノ島
2F
JR線
7 8 中央本線
中央線快速〈東京方面〉
9 10 中央本線特急
11 12 中央本線
中央線快速〈高尾方面〉
13 中央・総武線各駅停車
〈御茶ノ水・千葉方面〉
14 山手線内回り
〈渋谷・品川方面〉
15 山手線外回り
〈池袋・上野方面〉
16 中央・総武線各駅停車
〈三鷹方面〉
サザンテラス口
南口
小田急連絡口
← 渋谷・東京方面
1F
新南口
JR線
2F
東南口
中央東口
JR線
1 2 3 4
埼京線・湘南新宿ライン
〈東海道・横須賀・東北(宇都宮)・高崎線方面〉
5 6
成田エクスプレス
甲州街道

でも新宿駅で迷わない方法はある。

新宿駅第一の攻略法は、ＪＲ新宿駅のプラットホームにある。

ＪＲ新宿駅のプラットホームは1階部分に全部で8面16線あり、ここを「山手線」「中央本線」「総武線」「埼京線」「湘南新宿ライン」、さらには「成田エクスプレス」「東武日光線直通特急」が通っている。

これらのプラットホームは南北に並んでいる。

ちなみに山手線も丸いといえども、地図を広げて見れば池袋駅〜新宿駅〜渋谷駅は縦に並んでいることがわかる。つまり線路は縦、南北方向に走ってこれら三つの駅（途中に他の駅もあるが）を結んでおり、プラットホームも線路に平行していることから、南北方向に並ぶというわけだ。

なんでもないことかもしれないが、実はこれがとても重要である。

ＪＲ新宿駅の8面のプラットホームは南北に並んでいる。

さて、あなたがそのプラットホームの一つ（たとえば山手線でもいい）に降り立ったとしよう。そのプラットホームからどこかの改札口へ移動するにはどうしたらいいか。

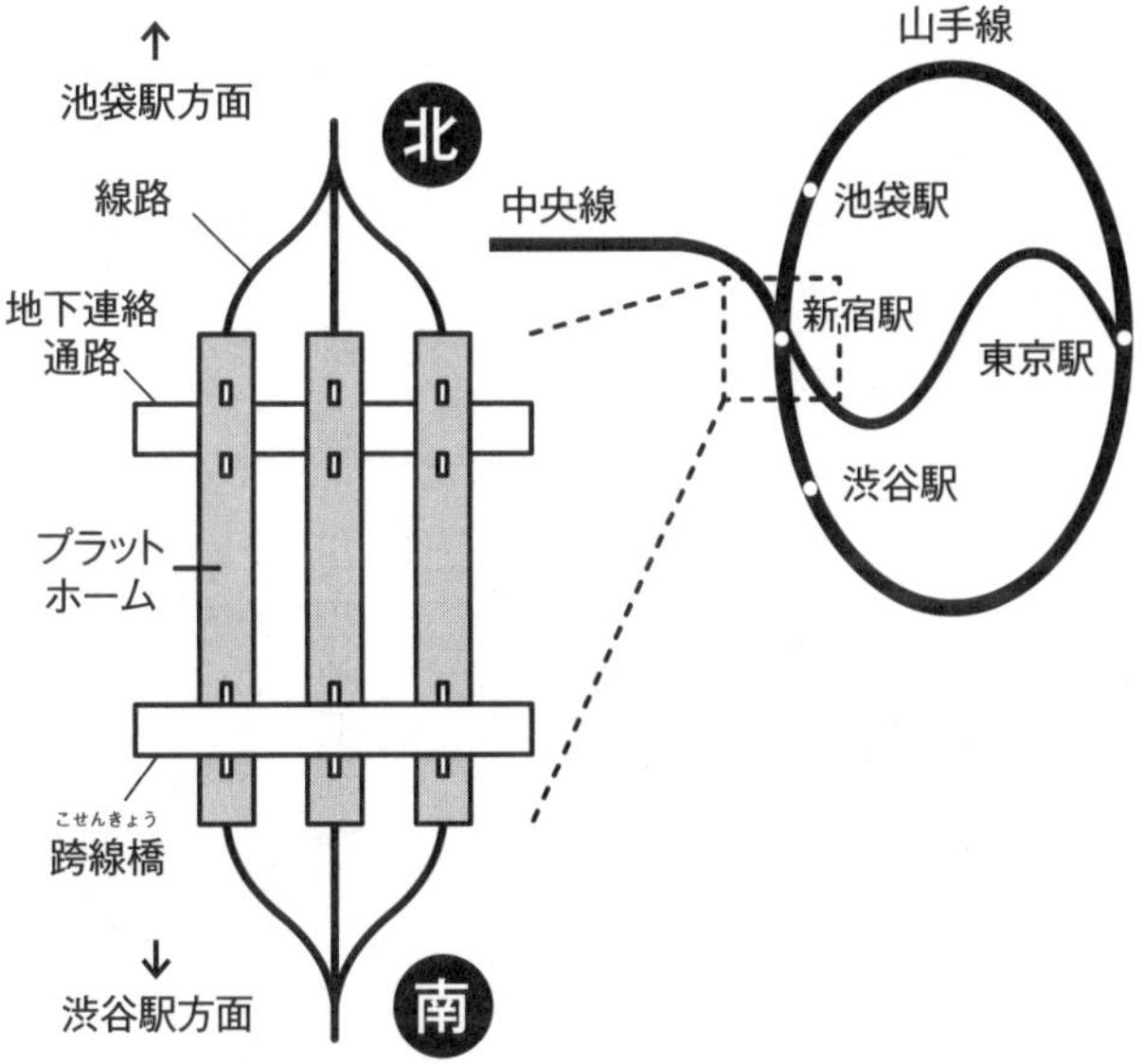

新宿駅はホームも線路も南北に並んでいる

線路は電車が走っているので危険だ、というか線路を跨ぐのは不可能と考えられる。

ホームからホームへのジャンプなんて、トム・クルーズじゃないからできない。そんなことをしたら電車にひかれてしまう。

そんなときはプラットホームに直交する、東西方向に延びる連絡通路を設ければ、人々はこの連絡通路を使ってどこかの改札口、あるいは他のプラットホームへ移動することができる。

連絡通路をつくるには、方法が二つある。

一つは並んだプラットホームや線路の下に線路と直交する連絡通路をつくる方法、もう一つはプラットホームの上を跨ぐ橋状の連絡通路だ。

当然、プラットホーム下の連絡通路へは階段を下り、プラットホーム上の連絡通路へは階段を上ることになる。つまり、下への階段とはプラットホーム下の連絡通路へ行くことであり、上への階段はプラットホーム上の連絡通路へ行くことである。


もうこれでおわかりの方もいるかと思う。

JR新宿駅の場合、南北方向に並んでいるプラットホーム下でプラットホーム同士をつなぐ連絡通路は、当然ながら東西方向に延びている。だからプラットホームから階段を下りれば東または西の改札口に行くことができる。

階段を下りて東に行けば、東系の改札（東口・中央東口）、西に行けば西系の改札（西口・中央西口）だ。

東西というのはまったく逆向きの方角なのにどうして一つにくくられているのかと

東口と西口は逆方向なのに一つにくくられている

疑問に思っていた人も多いと思うが、これは駅の空間構造を反映しているからであって、構造を理解してしまえばその理由も理解できる。

一方、ＪＲ新宿駅は階段を上ればプラットホーム上の連絡通路につながり、南系の改札（南口、東南口、サザンテラス口、ルミネ口、新南口）につながる。新宿駅に北改札口はない。

つまり「下は東西口　上は南口」というのが、新宿駅の第一の攻略法で、「新宿駅や　下は東西　上は南」とでも覚えよう。

バカにすることなかれ。これが意外に役に立つ。

まずこれを覚えれば、新宿駅で山手線や中央線を降りたとき、迷う回数は必ず減る。

新宿で迷う理由を解明する

絶望的な内装に惑わされるな　田村

次に上原氏がどうして迷ってしまったのかを考えたい。

答えは意外にも簡単である。

それは地下鉄丸ノ内線新宿駅の空間構造にある。

地下鉄丸ノ内線新宿駅は「島式プラットホーム」といって、長いプラットホームの両側に上りと下りの電車がとまる形式をもつ。その長い島式プラットホームの端に階段があって、その階段を上がったところに改札がある。

ところが改札は一つではない。

プラットホームの両端にあるため、改札は二つあるのだ。

地下鉄丸ノ内線新宿駅のプラットホームは、南北を走るJRの線路群と直交（つまり東西）に交差する形で地下2階にある。プラットホームの両端から階段で上がった地下1階の改札は、それぞれ西側と東側に一つずつあって、丸ノ内線からJR線への乗り換えは、西からでも東からでもどちらからもできる。丸ノ内線の西側改札口を出ればJR線の西口改札、東側改札口を出ればJR線の東口改札につながる。

これまで上原氏は、たまたまいつも西側の改札口を使ってきたと考えられる。

そして目指すケーキ屋は、小田急のデパ地下にあった。

だがこのときは偶然東口から出たのだろう。人間の脳は無意識のうちに「改札は一つ」とインプットされると、その情報はなかなかリセットされない。

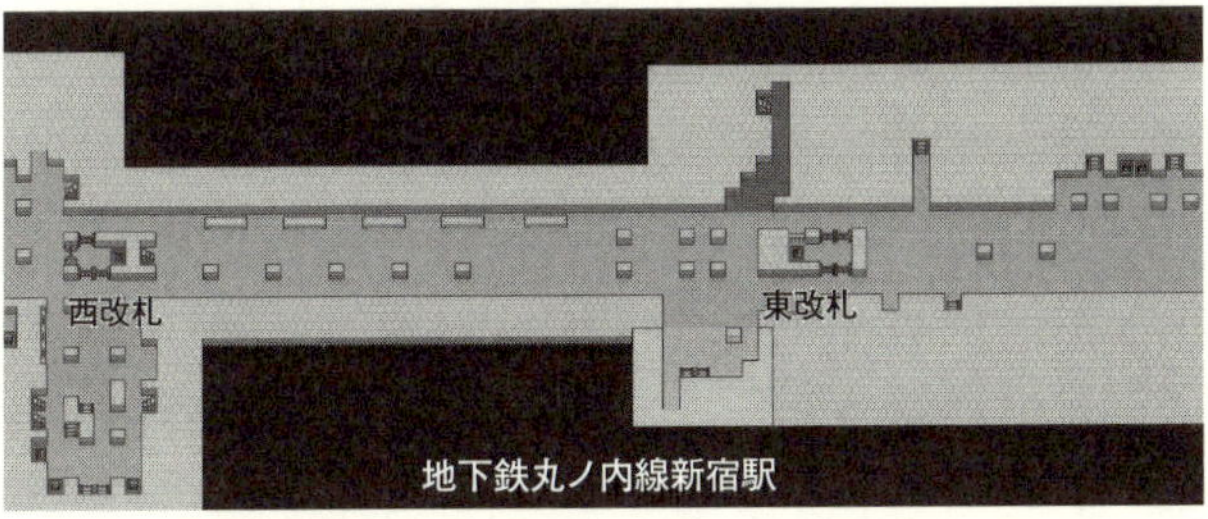

ただ彼が迷った理由はそれだけではない。

人を惑わすもう一つの仕掛けが駅側にある。

それは内装が絶望的にどこも同じであるということだ。

プラットホームの右も左も階段も、改札も通路も内装が同じため、多くの人がプラットホームに降り立つと方向を見失う。

しかも改札を出た地下1階の連絡通路に出ても、すべて内装が同じなのだ。

駅構内の広告も毎度変わってしまうので、方向感覚の頼りにはならない。

新宿駅で迷う人の多くは、自分の方向感覚に自信がある人や、普段案内表示を利用せずに駅の乗り換えをしている人だ。得てして駅での移動は無意識に行われる。そしてそのような人に限って新宿駅では迷い、「ここはどこ？　どうして？」という軽いパニックに見舞われる。


新宿駅をはじめとする駅で「一度も迷ったことがない、駅で迷う人の気が知れない」と自負する人に会ったことがある。興味深いことにその人は、駅よりも普通の街

上原氏が迷った理由

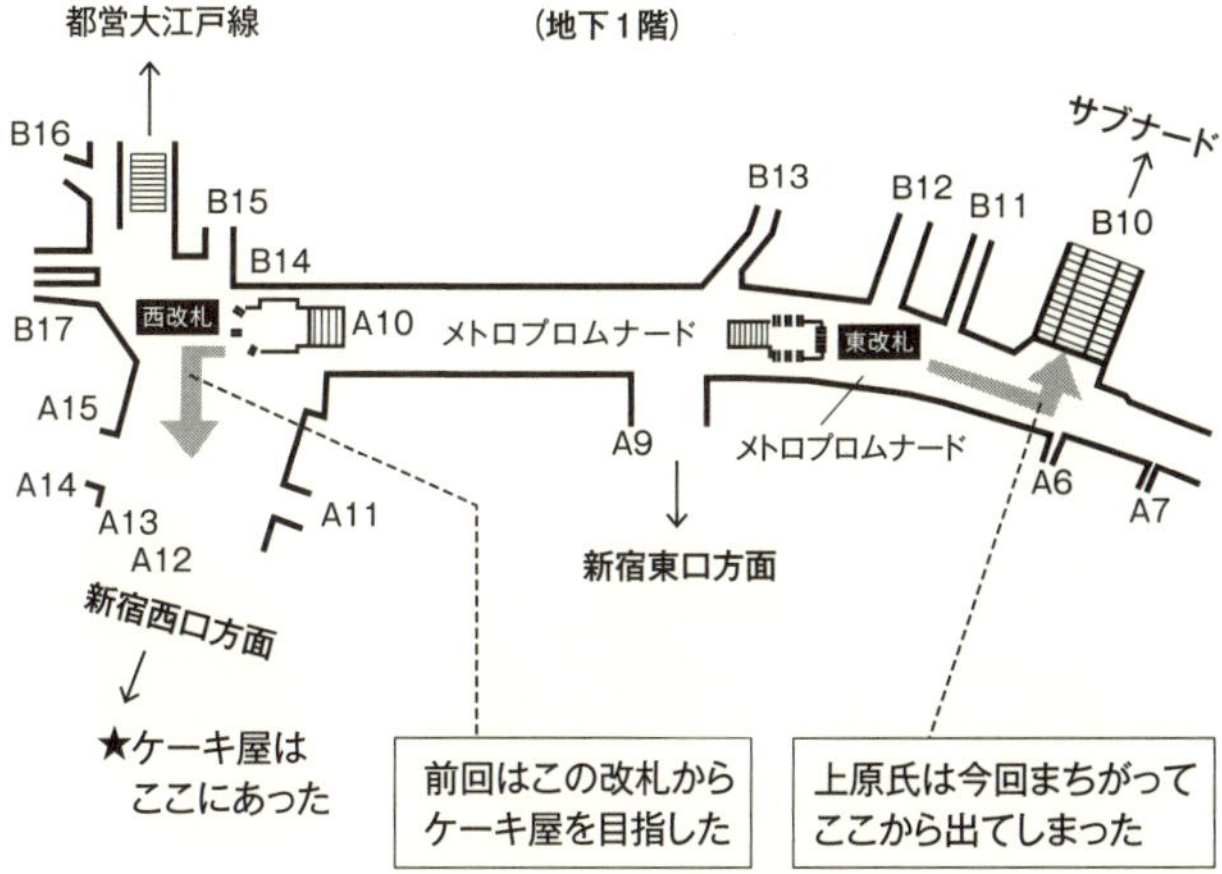

のほうがずっと迷いやすいと言う。方向音痴のその人は、案内表示が絶対の頼りだ。街には案内表示があまりないが、駅には多くの案内表示がある。それを頼って移動すれば必ず目的地に到達するというのだ。ごもっともな話であるが、これを実践している人は意外に少ない。この人の場合、かなりの方向音痴であることが幸いして、逆に駅は迷うどころか安心できる場所なのだ。

つまり整理をすると、上原氏が迷ってしまったのは、一つには丸ノ内線新宿駅の空間構造ゆえに改札が二つあることを知らなかったこと、そしてもう一つはプラットホームから階段、改札、地下通路に至るまですべてに共通した内装に惑わされたことにあったと考えられる。

新宿ダンジョンの闇とは、リアルな地下迷路と、そう思わせる人間の脳のはざまにあるのかもしれない。

ダンジョン発祥の地「メトロプロムナード」の謎 田村

そんなわけで上原氏が迷った原因の一つは、先の図でいう「メトロプロムナード」（地下通路）の内装にあったが、実はこのメトロプロムナードが非常に面白いので、もう少し話を続けたい。

新宿駅地下1階にあるメトロプロムナードは、地下2階に位置する丸ノ内線と地上の新宿通りの間の空いたスペースを利用した、新宿で最初の大規模な公共地下歩道空間である。

メトロプロムナードは1959年、地下鉄丸ノ内線の「新宿〜池袋」区間開通とともに完成し、そこには当時の地下鉄建設ならではの建設方法が用いられている。

それは「開削工法」といわれ、地面を掘り起こし、地上から直接工事をしていく工法で、地面を直接切り開くことから「切り開き工法」とも呼ばれる。

一方、現在地下を掘るときは、一般的に「シールド工法」といわれる工法がとられる。これは巨大な円筒形のマシーンで地中を掘り進める工法で、すでに地下網が広がっている東京のような地域では、既存の地下構築物のさらに深いところをシールド工法を使ってモグラのように掘り進める。

地下鉄が設置された場所が深ければ深いほど、地下鉄と地面の間には空間ができるわけだが、丸ノ内線は先の「開削工法」によってかなり深くまで掘り進められ、地上との間に大きな地下空間をつくり、そこに歩行空間の「メトロプロムナード」が誕生した。

戦後、車の往来が増すとともに、安全で快適な歩行者のためのスペースを設け、車から歩道を分ける考え方が都市で主流となった（これを歩車分離という）。これによって全国に歩道橋や地下通路がつくられたのだが、メトロプロムナードはまさに歩行者用の「地下通路」である。これに商店がドッキングしたものを「地下街」という。この地下道を使うことによっても、新宿駅は多くの人をさばいている。

実はメトロプロムナードこそが、「新宿ダンジョン」発祥の地の一つで、ダンジョンを読み解く重要な鍵になる。つまり上原氏は、新宿ダンジョン発祥の地で、道を失ったというわけだ。

二つの街道から新宿の迷いははじまっていた

田村

メトロプロムナードは、歩行者用の通路の確保とともに、地上の車交通の混雑を緩和することも目的につくられた。ということはメトロプロムナードの真上（地上）の新宿通りは往来が多かったことになる。実はこの新宿通りがどこにどのようにあるかを知ることが、新宿を理解する上での肝となる。

現在の新宿通りは、かつて二つの街道から構成されていた。「甲州街道」と「青梅街道」だ（次図参照）。

甲州街道は皇居のお堀から繋がる江戸五街道の一つで、1604年に開通した。一方、青梅街道の前身である成木街道は、1606年に開通。いまから400年以上前のことである。

現在の新宿三丁目の交差点で、主要街道であった甲州街道から青梅街道が分岐し、二つの街道は、当時、ちょうどYの字を反時計回りに90度倒した形をとっていた。この二つの街道の分岐が「新宿追分」といわれるところで、「追分」とは分岐を意味する（この名称は、いまなお日本全国に残っている）。

新宿三丁目の交差点から新宿通りを、三丁目の駅を背にちょっと進むと、和風の店構えをした「新宿追分だんご本舗」（和菓子の老舗）がある。老舗の和菓子屋に地名が残っているのは興味深く、だんごを口にしながら当時の往来を想像するのも悪くない。

この三叉路の新宿追分、すなわちYの字の分岐点の格好にこそ、新宿を解く大きな鍵が埋め込まれていると筆者は想像をふくらませる。
現在、新宿三丁目の交差点は、東西を通る新宿通りと、南北を走る明治通りが交差した十字路になっているが、明治通りが開通したのが1934年（昭和9年）で、江戸時代までの追分は十字路ではなくTの字で、甲州街道と青梅街道が分岐していた。

このT字路に注目したい。
主要道路と分岐する道路の関係は、Tの字で言えば横一文字がメインでそれにサブとしての縦棒が接続する形を取るが、この新宿追分では、メインの甲州街道がこのT字路でかくんと「く」の字に曲がっている。皇居からつながる甲州街道が、直進せず、なぜかこの追分で左90度に曲がり、分岐しているのだ。

現在の新宿通りで言えば、新宿三丁目の交差点より東側が甲州街道で、西側が青梅街道になるわけだが、こうなった理由は、あとの章で述べる「内藤新宿」の宿場町の敷地割り、あるいは江戸時代の防衛上の理由と考えられる。

Yの字の分岐の謎

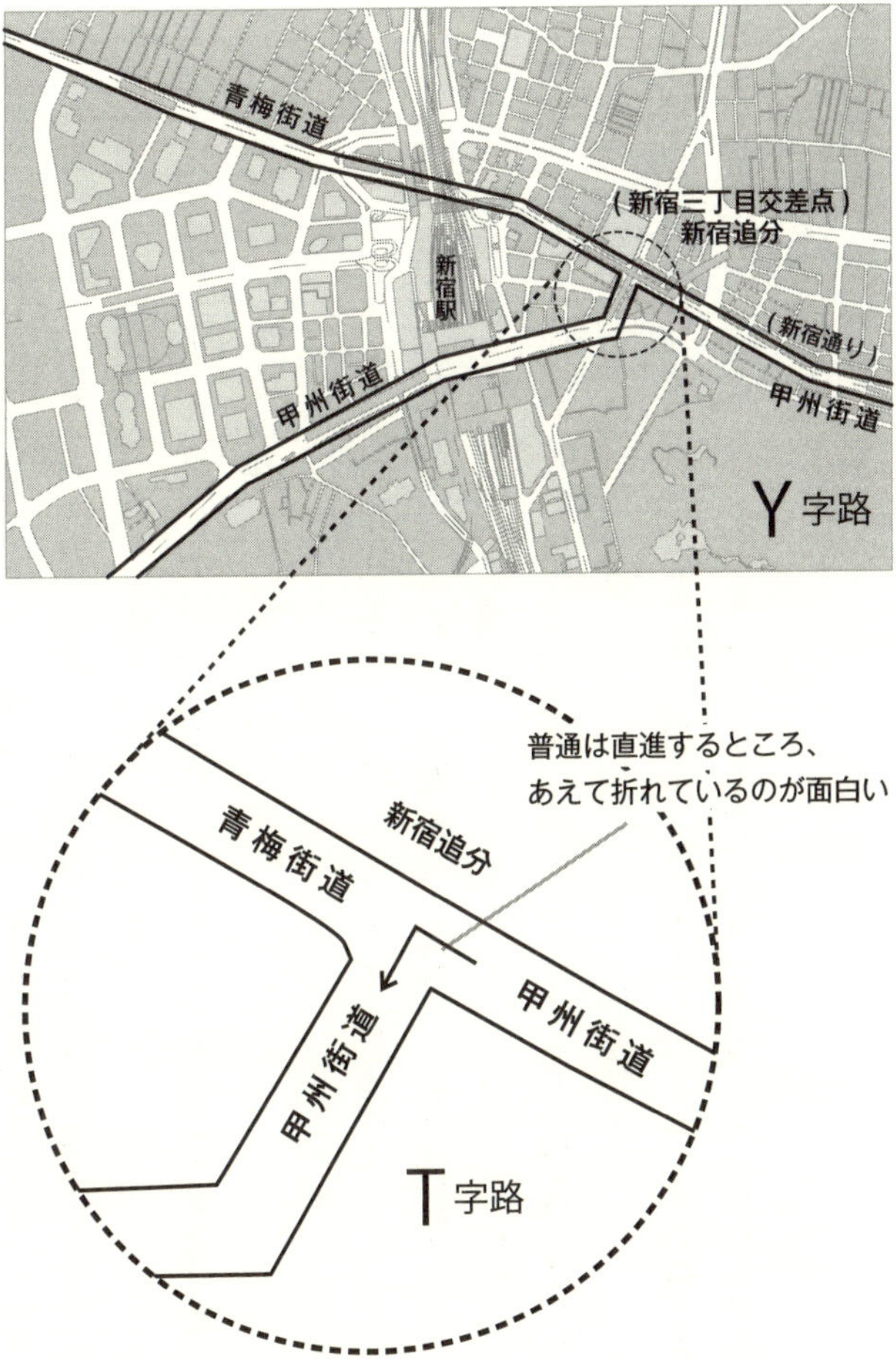
青梅街道
（新宿三丁目交差点）
新宿追分
新宿駅
（新宿通り）
甲州街道
甲州街道
Y字路
普通は直進するところ、
あえて折れているのが面白い
青梅街道
新宿追分
甲州街道
甲州街道
T字路

江戸の城下町は、城壁で城を守ったわけではなく、城下町にT字路をいくつも挿入することで迷路のような街路をつくり、攻め入る敵を攪乱させる都市構造をもった。敵が本丸に到達するよりずっと手前で本丸を守ったのである。

謀反などによる攻撃を非常に警戒した江戸幕府は、だからこそ新宿追分のようなところにもT字路をつくったのかもしれない。

いずれにしろT字路をもった新宿追分では、「敵」だけでなく普通の人でも、この分岐で迷う人が多かったに違いない。それはT字路がもつ特性から想像に難くなく、新宿のはじまりである追分に、すでに「迷い」が埋め込まれていたのかもしれない。

この90度に折れるT字路での迷いは、その真下にあるサブナードで上原氏が迷った原因にも通じるものがあると感じるのは、筆者の推測、あるいは妄想か。

新宿を把握するには、新宿の発祥である甲州街道と青梅街道がつくる、横に倒したこのYの字の理解が欠かせない。そしてそれは、新宿駅の地下迷宮に秘められた謎を解くとき、重要な鍵となる。

第２章

新宿に「新宿」とつく駅が10もあるわけ

10もの駅が364万人をさばいている

新宿は地下に人が蠢《うごめ》いている　上原

一体、新宿の地下はどうなっているのか。

ここは全体が巨大な迷路になっているのではないか。

ネット人間の自分は、すぐにスマホで「新宿地下マップ」の検索をはじめた。

しかし地下全体の地図を見つけることはできなかった。

スマホでは画面も小さく、検索のしやすさに限界があるからかもしれない。

急いでネットカフェに戻り、個室の机にコンビニで買ってきた腹いせケーキ（結局友人の家に行くのはあきらめた）を置くと、すぐに備えつけのパソコンを立ち上げそして「新宿」「地下」「マップ」など、思いつく限りのキーワードで地図の検索をしてみたのだが、結局見つけることはできなかった。

新宿の全体を表す地下マップはおそらく存在しない。

それらしきマップはあるが、部分的なものや断片的なものばかりで、新宿の地下全体を網羅したものではない。

ヤフーやグーグルの検索エンジンでヒットする地図も地上の地図ばかりだ。

これらの地図は、ズームインすると地下があるところは薄いピンク色が大まかな形で浮き出たり、地下への出入口の記号が表示されたりと、そこに地下があることはわかる。しかし、地下そのものがどのようなルートをもち、どのような構造になっているかは読み取ることができない。

各電鉄会社が作成した構内を示す立体的な図も、自社の営業テリトリーに関わる範囲については書かれているが、新宿全体を網羅したものはどこにもない。

このとき同時に見つけたのが、新宿の地下や駅構内で遭難した人たちの声だった。

「いまだに迷う新宿駅」

「新宿駅で遭難した」

「新宿地下はカオス」

「新宿駅ダンジョンで白骨化しそう」


やはりみんな迷っていた。

なぜ迷っている人は多いのに地図が存在しないのだろう。


一般の利用者の中にも、新宿駅の地下は現実離れしたゲームのような空間だと感じている人が少なからずいるのがわかった。

やはりここは面白い。

自分は新宿のこの地下通路（ダンジョン）を、ドラクエのような迷宮に見立てたゲームをつくりたいと考えはじめていた。

プレイヤーが主人公となり新宿駅の中を彷徨《さまよ》って、お宝を探しながら脱出を目指すゲームだ。

思えば自分がケーキを探して新宿の地下に迷い込んだ経験は、それがそのままゲームのようだった。

入口はオープンだが、入ったら二度と出られない、そんな体験をさせつつ、最後に脱出して爽快感が得られるようなゲームをつくることはできないか。

現実に存在するダンジョン、新宿駅をゲームにしたい。

しかし、ゲーム化するには地図が欠かせない。

さてどうするか。

新宿駅は本当に世界一なのか　田村

ネットで新宿駅を調べると、「世界一」「ギネスナンバーワン」などの文字が躍る。でもこれはただ形容詞的に使われているのかもしれないため、実際に調べてみることにした。

ネットでギネスの公式ホームページ「ギネス世界記録・公式サイト　Guinness

World Records」へ入ってみた（http://www.guinnessworldrecords.jp/）。

日本語で「新宿駅」と打ったら反応がない。

日本語検索はできないようだ。

そこで「shinjuku station」とアルファベットで打ってみると、たしかにあった。

新宿駅は「Busiest Station」としてギネスに登録認定されている。

「Busiest」とは英語で「最も混んでいる」という意味だ。


登録されたのは２０１１年1月１日。

１日の平均乗降客数は３６４万人。

そこでこの３６４万人という数字を調べてみることにした。

まずは新宿駅を通るＪＲ各線、小田急線、京王線、東京メトロ（丸ノ内線）、都営地下鉄（新宿線と大江戸線）と西武新宿線の、各年度の１日の平均乗降客数を追ってみた。

するとＪＲの乗降客数は、２０００年からの10年間で、その数字に一つのピークがあった。それは２００７年でこの年の乗降客数は７８５，８０１人。これは新宿駅の歴史の中でも最も多い。

ちなみに他の路線の乗降客数については、乗車客数と降車客数がわかっているのでこれを加えたが、JRだけは乗車客数だけで降車客数のカウントがないため、降車客数を仮に乗車客数と同じと仮定し、ダブルカウントして算出した。

これらをすべて合計すると、たしかに364万人という数字が得られた。ギネス登録に使われた数字は、2007年度のもの、つまり新宿駅のピークの数字が使われたものと思われる。本書のタイトル「新宿駅はなぜ1日364万人をさばけるのか」の364万人もこの数字を使っている。

世界に目を向ければ、日本より人口が多いインドや中国の駅のほうが、大きな数字になりそうだが、数字が出ないことにはギネスも認定できないのだろう。

実際、インドのムンバイには「チャトラパティ・シヴァージー・ターミナス駅」という、世界遺産登録をされている新古典主義様式の駅があるのだが、こちらのほうが利用者数が多いという話もある。しかし数字が出てこないので登録されていないのかもしれない。

いずれにしろ、いまは新宿駅がギネス世界一となっている。

この事実を聞いたら新宿駅を使う人は、たしかにその異常な混み具合を示す数字として「そりゃそうだよね」と納得するかもしれない。でもこれを誇れるかというと、それについては正直なところ胸を張れない。

朝夕のラッシュの混雑は、プラットホームから溢れんばかりで異常とも言えるし、大量に人が行き交う様子に頭がくらくらする人も多いだろう。

そのせいか新宿駅は、世界一であるのに、その話が人の口にのぼることはあまりない（ネットでは話題になるのだが）。

アメーバのように増殖を繰り返す大新宿

駅名に「新宿」とつく10の駅とは　田村

新宿が特徴的なのは、駅名に「新宿」とつく駅が10もあることだ。

これを実際に、新宿駅の周りの地図で見ていきたい。

まずは第1章の最後に出てきた新宿通りを押さえておこう。

地図上で新宿通りを西へ進むと、いくつかの糸を結ったようなものにぶつかる。

これがＪＲ線の線路の東で、ここに新宿駅があり、新宿には南北にＪＲの線路が通っている。


駅名に「新宿」とつく駅は10ある。

つまり「新宿駅」の周りには、駅名に「新宿」とつく駅が他に9もあるというわけだ。新宿駅はまるで9人の子どもに囲まれた親のようであるが、せっかくなので9人の子どもをここで改めて紹介したい。

新宿駅（JR各線、京王線、小田急線、丸ノ内線、都営新宿線、都営大江戸線）

---

①**新宿御苑前駅**（丸ノ内線）
②**新宿三丁目駅**（丸ノ内線、副都心線）
③**新宿西口駅**（都営大江戸線）
④**新線新宿駅**（都営新宿線、都営大江戸線、京王新線）
⑤**西武新宿駅**（西武新宿線）
⑥**西新宿駅**（丸ノ内線）
⑦**西新宿五丁目駅**（都営大江戸線）
⑧**東新宿駅**（都営大江戸線、副都心線）
⑨**南新宿駅**（小田急線）

新宿には新宿とつく駅が10ある

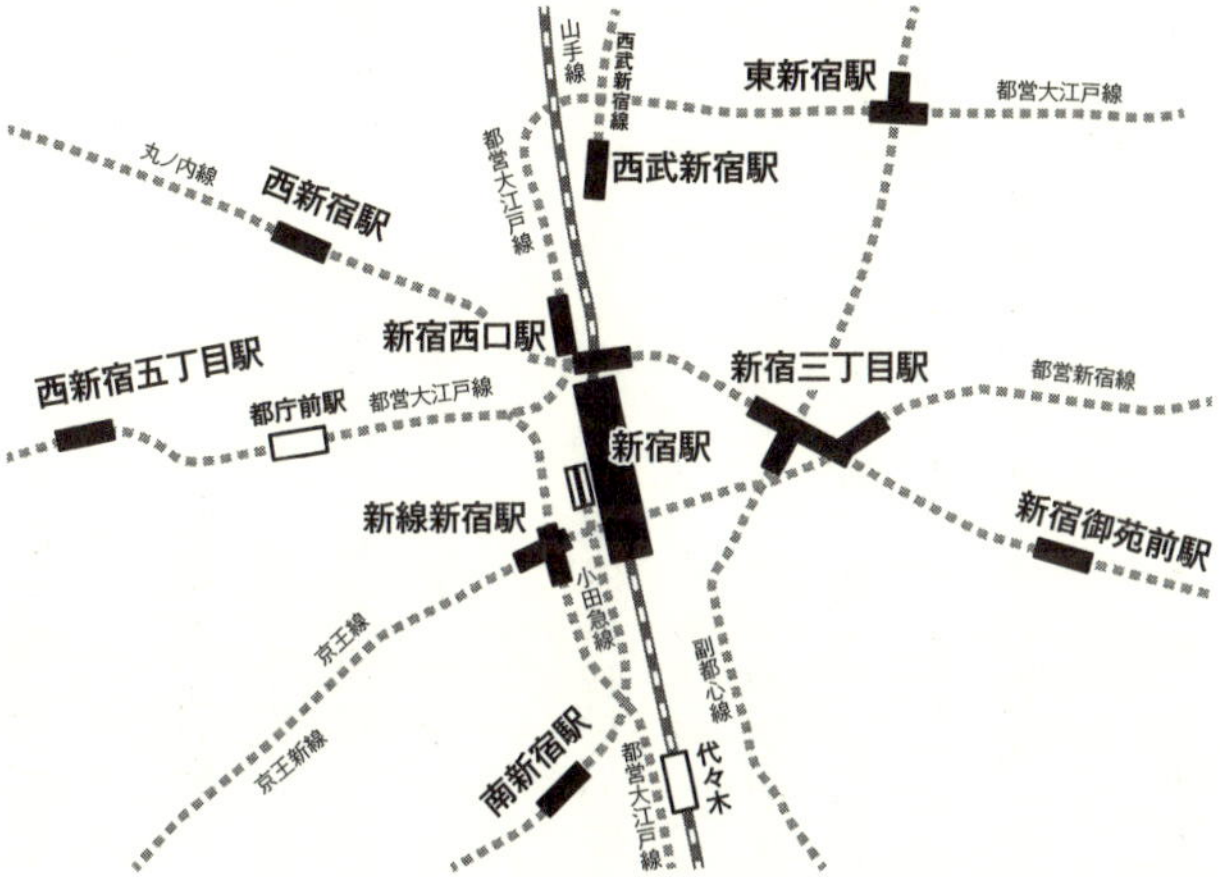

ＪＲ「新宿駅」と小田急線の「南新宿駅」、西武新宿線の「西武新宿駅」以外は、すべて地下鉄の駅である。また東新宿駅以外は、すべて親である新宿駅と鉄道で繋がっているのが面白い（東新宿駅から新宿駅へは新宿三丁目駅か新宿西口駅を経由しなければいけない）。

新宿駅が真ん中にあり、子の新宿駅がそこから放射状に親と繋がり、広がっている。東京駅や渋谷駅には、こうした子ども駅はない。

次に子どもたちの駅名を見ていきたい。

「新宿御苑前駅」は新宿駅の東南に大きく構える新宿御苑に由来し、「西武新宿駅」は路線名から取られている。

「新宿三丁目駅」と「西新宿五丁目駅」は、所在地からその名がついた。

新宿駅を中心にした方角でネーミングされているのが、「東新宿駅」「西新宿駅」「南新宿駅」で、新宿に「北新宿駅」はない。実は「新宿西口駅」の竣工前の仮の名称が「北新宿駅」であったが、完成とともに「新宿西口駅」となってしまった。


西口といえば、高度経済成長時代の家電製品が日本を支えていたとき、新宿駅西口前には、サクラヤ、ヨドバシカメラ、ビックカメラといった家電量販店が大きな店を構え、きらびやかなネオンでその駅前を彩っていた。

余談だが、いまでも耳に残る「まあるい緑の山手線〜♪」ではじまるCMソングは、ヨドバシカメラのものであるが、その後半は「新宿西口駅の前〜♪」ではじまる。しかし新宿西口駅ができたいま、その駅前にはヨドバシカメラではなく、ビックカメラが建っている。

「新宿西口駅」ができたことで、「新宿駅西口の駅の前」と、「新宿西口駅の駅の前」

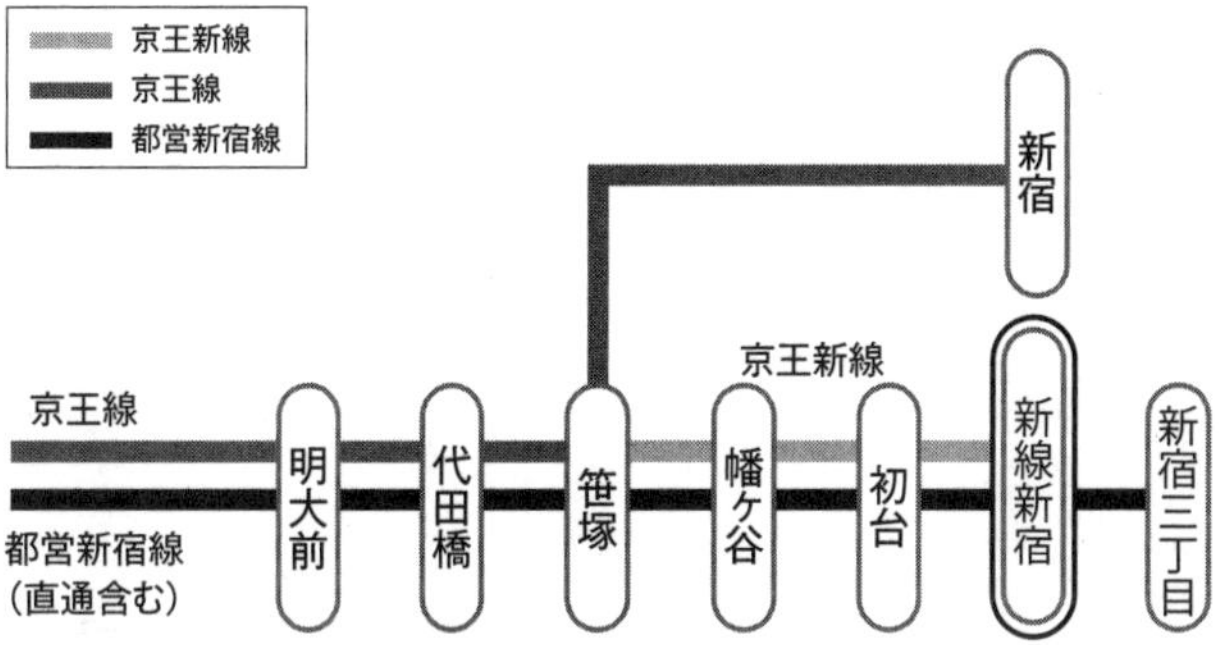

京王線は笹塚駅で京王線と京王新線に分かれる

は違うものになってしまったが、実は「新宿西口駅」ができる前から、ヨドバシカメラより、ビックカメラのほうが出口から近かったことは、案外知られていない。

「新線新宿駅」（京王新線）のネーミングだけは、ちょっと変わっている。

京王線の「新宿駅」と京王新線の「新線新宿駅」（京王線は、新宿駅の手前の笹塚という駅で京王線と京王新線に分岐している）は本来同じ駅なのだが、出口や改札が離れていること、京王新線が到着するところは、京王線やＪＲのプラットホームから遠いこと、これらの路線に乗り換えるには、一度改札を出てもう一度改札を通る必要があることなどから、京王新線の新宿駅は「新線新宿駅」と呼ばれることになった。
一方、新宿駅の子どもと考えられるのに、駅名に「新宿」がつかない駅もある。「都庁前駅」だ。

都庁前駅は新宿西口高層ビル群の中にある、新宿の足元を固める都営大江戸線の駅であるが、これだけ子どもに「新宿」という名前をつけてきたにもかかわらず、この駅だけが「新宿」とついていない（もちろん東京都庁という確たるアイデンティティがあるからだろうが、それならいっそ「東京都庁前」という駅名にしてもよかったのではないか）。そんなわけもあってか、親と子の関係は、一駅飛ばして次の「西新宿五丁目駅」がその役目を負っている。

新宿駅の子どもたちの中には、鉄道ではなく別のもので繋がっている駅もある。地下通路だ。

そしてこれこそが新宿ダンジョンを形づくっている。
鉄道ではなく地下通路で親（新宿駅）と繋がっている駅は、新宿駅東側では「新宿三丁目駅」「西武新宿駅」、西側では「西新宿駅」「都庁前駅」「新宿西口駅」「新線新宿駅」の六つだ（次図参照）。

この六つの子新宿駅と新宿駅を、地下網で繋いだ一つの大きな新宿駅を、以降「大新宿駅」と呼びたい。つまり今後は「新宿駅」と言うときは親の「新宿駅」であり、「大新宿駅」と言うときは、先の六つの駅と地下通路を含む全体を指すこととする。


新宿駅を狭義の新宿駅とするならば、大新宿駅は広義の新宿駅といったところか。

ちなみに「大新宿駅」のネーミングは「大ロンドン」のネーミングにならった。大ロンドンも、イギリスの首都ロンドン地域と、その周りの八つの都市を含めた周辺領域を指しており、英語では「グレーター・ロンドン（Greater London）」という。だから「大新宿駅」は、「グレーター新宿駅」でもいいのだが、そうしてしまうとなんだかプロレスラーの名前（ザ・グレート・サスケとか）みたいだ。


この大新宿駅を数字で見てみよう。

ちなみにギネスに登録されている「新宿駅」の1日平均の乗降客数364万人。これは2007年の数字と考えられるので、まずこれを最新にアップデートしたい。

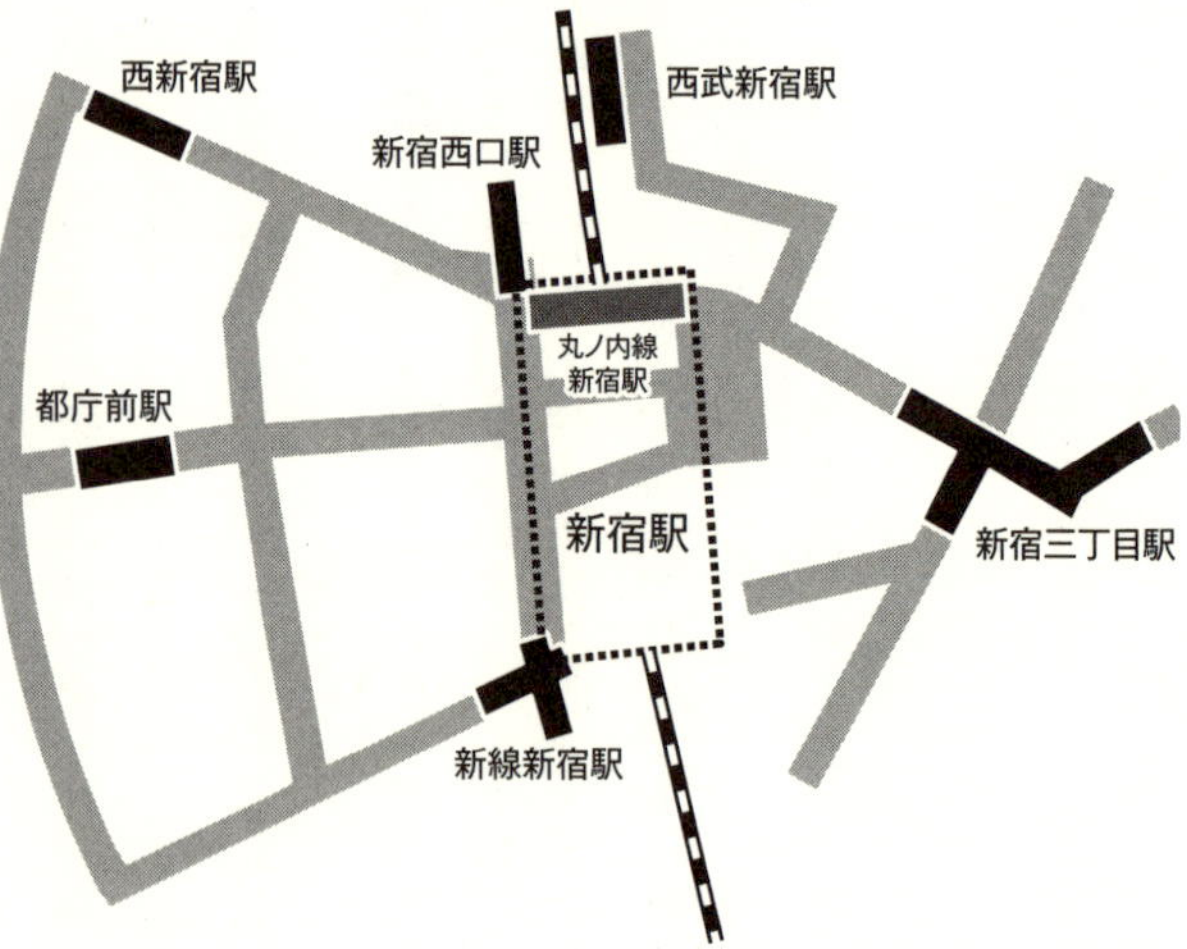

ギネスの数字は新宿駅（JR各線、京王線、小田急線、丸ノ内線、都営新宿線、都営大江戸線）に西武新宿駅（西武新宿線）の1日の乗降客数を加えたものだが、2014年度の数字で計算すると、これは約352万人になる。すなわちこの10年で新宿駅と西武新宿駅が1日でさばく乗降客数は、10万人ほど減ったことになる。

一方、「大新宿駅」の1日の平均乗降客数を見てみよう。

「大新宿駅」には、先の通り「新宿駅」「西新宿駅」「都庁前駅」「新宿西口駅」「新線新宿駅」「新宿三丁目駅」「西武新宿駅」の七つの駅を含むが、このうち「新線新宿駅」はデータ上、新宿駅に含まれるので、これを差し引いて1日平均の乗降客数を合計すると、約390万人というギネスの登録数よりも多い数字を得る。

これは横浜市の人口である370万人、アメリカのロサンゼルスの人口、約380万人に匹敵する数字で、つまり一つの都市の人口を超える数の乗降客数を、大新宿駅は1日でさばいていることになる。

「大新宿駅」では、地下通路で繋がった七つの駅が、大きな複合体として機能しているとともに、この複合体は駅施設だけでなく、商業施設、文化施設、娯楽施設、宿泊施設と連結し、絡み合い、そこに大量の人々が流れることでその全体をつくっている。言ってみれば新宿ダンジョンとは、この複合体のことなのだ。

50年前から新宿駅は日本一の駅だった

田村

現在では1日平均の乗降客数が352万人にもなる新宿駅（大新宿駅にいたっては

390万人）が開業したのは、いまから130年ほど前のことになる。日本が富国強兵、殖産興業を掲げて近代化、西洋化に向けてまっしぐらだったころだ。

新宿駅が開業した1885年、新宿駅の利用者はほとんどいなかった。群馬県前橋にあった生糸の拠点から、生糸が輸出品として横浜港へ運ばれるとき、現在の山手線の前身である日本鉄道がバイパスとして新宿の地を通ったことからできた駅が新宿駅である。つまりはじめは物資輸送の単なるインフラであったため、利用者はあまりいなかった。

新宿駅ができたころ、実は新宿の中心は新宿三丁目にあった。

これは現在、新宿三丁目の駅がある場所、すなわち第1章で書いた甲州街道と青梅街道の分岐である「追分」にあった。つまり新宿駅は当時街外れの、周りに何もないようなところにできたというわけだ。現在の雑多な駅周辺からは想像もできない。

東京に郊外が広がるにつれ、初めは山手線だけだった路線に、中央線、京王線、小田急線といった郊外を結ぶ路線が加わると、大正のころから新宿駅は鉄道の集まるターミナル駅としての役割を強めていった。

そして1931年には早くも乗降客数で日本一となった。いまから85年も前のことである。

東京が西へ西へと発展することで、郊外へ人口が移動すれば、その間にある新宿駅の利用者数が増えるのはわけもない。

新宿駅は1931年からずっと日本一であったわけではないが、1966年に日本一を奪還すると、そこから現在にいたるまでの50年間、日本一の座をキープしている。

ちなみに先の計算方法によると、1966年の1日の平均乗降客数は約186万人なので、この50年間でその数は約2倍に増えている。この間、新宿駅はその形を変えながら、増加に対応してきたのである。

乗降客数がうなぎのぼりに増えた大きな理由は、戦後の混乱を乗り越えて、1960年代からはじまった新宿駅西口一帯の新宿副都心計画にあった。単純に言えば、超高層ビルが1棟建つごとに、利用者が増えたと考えるとイメージしやすい。

新宿駅は日本一大きな繁華街や歓楽街をも抱き込みながら、その歴史の中で多くの人を運んできた。

利用者が増えるとともに、自身も増殖し形を変えながら、ときに人の流れを受け止め、ときにそれをコントロールしつつ、自身のキャパシティを超えたら、周辺の子新宿駅と地下通路、地下街と連結し、包容力を広げていった。そして地下はダンジョン化していったのである。

つまり新宿の地下ダンジョンとは、新宿と新宿駅の歴史を反映した、新宿の人の流れを支える重要な都市施設なのである。

新宿の地下を解明する　上原

ドラクエのようなロールプレイングゲームを新宿駅を舞台に展開する。

そのゲームが動いている姿を想像すると、何とも言い表せない興奮が湧いてきた。

いますぐにでも開発をはじめたい。
これはスマホゲームの歴史に残る、いい作品になるのではないか。
しかし興奮が治まり冷静になると、その実現の難しさに現実に引き戻される。
新宿駅を舞台にゲームにするなんて、実は誰もが考えているんじゃないか。
いまさら開発したって、後発になってしまわないか?
ゲームにするならどうやって、誰が新宿駅の地下マップをつくるのか。
存在しないのなら自分でつくるしかない。
そのためには自分の足ですべての箇所を調べ上げるしかない。
そしてきっとそれは甘くない。
何にしてもそうだが、思いつくだけなら簡単だ。
これは無謀な挑戦で、実現するのは大変だということを理解しはじめた。
ただ、あきらめることは考えられなかった。

プログラマーとしての興奮が、それに勝っていたからだ。

第3章

新宿を解く三つの暗号

暗号は尾根にある

新宿の謎、解明のカギは地図 上原

もし他に新宿の地下迷宮のゲーム化を企んでいる人がいたとして、その人は「新宿駅を舞台にしたゲームを作成中です」とネットで大っぴらに宣言したりするだろうか。実はすでに着手していて、こっそりと制作を進めているのかもしれない。

その人が自分より先にゲームを完成させてしまったら?

そうなるとこれからの作業はすべてムダになってしまう。

これは簡単に制作できるようなゲームではない。

プログラミングするだけなら、いつも通りに作業を進めればいいが、今回は「地図をつくる」という未知の工程が入ってくる。かなりの時間がかかってしまうのは簡単に想像がつく。この重い作業を進めたあとで他から先にリリースされてしまったら、取り返しがつかない。

ただ、現時点で新宿駅のゲームが世に出ていないことは確実だ。

そこには大きな可能性がある。

コンペのように〆切があればデッドラインが明確になるが、今回は〆切も見えない状態で進めていくことになる。

「誰よりも早く、このゲームをつくらなければならない」

他にも制作中の敵が存在すると仮定しておき、その敵より早く完成させる。

その意識をモチベーションにする。

モタモタしていると他の誰かに先を越されてしまう。

早くしなければ。

一刻も早く、地図づくりを開始しよう。

新宿の謎は足で解く　上原

後日、再び上京した。

今回は旅行ではない。調査をするために新宿にきたのだ。

筆記用具、ノート、デジカメ、そして新宿駅周辺の地図をもち、残りの荷物はロッカーに入れた。

新宿駅は何度か利用しているが、今回は違う。

今日から新宿駅は調査の対象だ。

新宿駅再現ＲＰＧ「新宿ダンジョン」制作がスタートした。


まずはニュースでよく見かける、ＪＲ新宿駅の「南口」から攻めることにした。

新宿駅に山手線で到着。そのホームから案内表示の通り「南口」へと階段を上る。

階段の先にはズラッと並んだ改札機。その奥には車の往来が見える。

南口改札の向こう側は非常に明るく、迷宮の出入口のように感じた。

まだ迷宮を迷っていたいし、改札を出てしまうと切符を取られるので、改札からは出ずにそのまま改札内の探索を続ける。

90度左を向き、南口コンコースをまっすぐ歩く。

すると改札機が少なく、南口改札に比べると幅が狭い「東南口」改札があった。

この先もまた外に出てしまうようだ。少し戻ってたくさんある階段の一つを選び降りてみる。

降りた先は1階、3・4番線のホーム。

周りを見渡すとホームがいくつも並んでいる。列柱に支えられたコンコースから影が落ちて、暗い空間をつくり出している。

デジカメで写真を撮りつつ、メモに地図を書いていくが、ホームが縦に非常に長く、すでに距離感を失い縮尺がおかしくなっているのを感じていた。

ホームの先にある階段を降りると地下通路。

狭い通路を抜けると少し開けた広場に出た。

右手奥には「中央東口」改札が見える。

改札の先には百貨店のような空間が広がっており、先が気になったのでここでいったん改札の外に出てみることにした。

今回買った切符とはこれでお別れだ。


中央東口改札を出ると、左に空間が広がっていた。先へ進むと左手に券売機が並んでいる。券売機はＪＲと並んで、小田急線や京王線のものもある。

小田急線も京王線も新宿を通っているので券売機があるのはわかる。

しかしそれらの改札は、なぜかまったく見当たらない。


少し進むと、また券売機と改札だ。

小田急線や京王線ではなく、ＪＲの「東口改札」と書いてある。

さっきも東口改札だった気がするが、「中央東口」と「東口」の違いがあるようだ。

この二つの改札はそう離れていないし、何が中央なのかは正直わからない。

東口が複数あると、待ち合わせ時に混乱しないのだろうか。携帯がない時代だと、待ち合わせで合流できずケンカでも起きていそうだ。

さらに奥へ行くと道が分岐しており、「右への通路」「上り階段」さらには「地下への下り階段」が現れた。

上り階段から降りてくる人の流れはかなり多く、その先をのぞいてみると明るくなっていた。この階段はどうやら地上に繋がっているようだ。

この分岐点ではさらに降りていくことを選択、どんどん深く潜っていく。

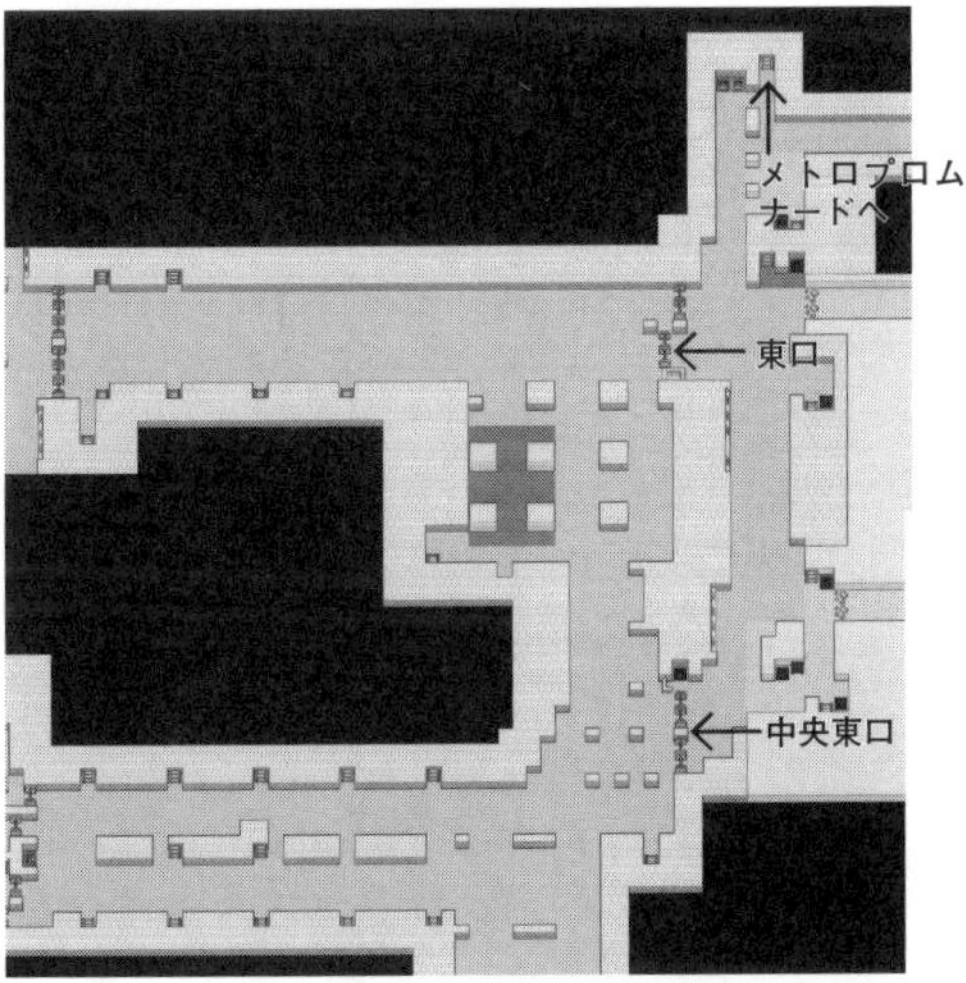

新宿駅「東口」と「中央東口」

階段を降りた先は地下通路になっており、この内装、天井の低さ、通路幅には痛いほど見覚えがあった。以前迷ったときに歩いた地下通路、「メトロプロムナード」だ。

右に丸ノ内線の東改札が見えてい

るが、まずはケーキ屋のリベンジをしたい。

あのケーキ屋は「西改札」方面にあるはずだ（これは下調べしてきた）。

西改札を目指して左へ向かう。すると一気に視界が開け、そこには複数の列柱と、壁には古そうな黒いレリーフのある、天井は低いがとても広い地下通路があった。ここでは映画などの宣伝ができるスペースもあるようだ。

そこを通過すると、見覚えのある丸ノ内線の「西改札」が現れた。

前回はこの改札から出るつもりが、反対の東改札から出てしまい迷うことになった。あのときに間違えたからこそ、いまこうして「新宿ダンジョン」の制作に挑戦することができたと前向きに考えよう。

西改札近くの階段が小田急百貨店の入口になっていて、そこを降りた先がいわゆるデパ地下だった。ここには色々なお店があり、あの探していたケーキ屋もその一つだった。

見つけた。こんなところにあったとは。

不思議な感動を覚えた。

ケーキのリベンジを果たしたため、いったんメトロプロムナードをきた方向へ戻ることにする。次に挑戦するのは前回遭難し、探索をあきらめた「サブナード」。気力・体力の問題から、いきなり迷宮の新たな領域に挑戦するよりは、まず一度通過したことのある場所から探索していく作戦だ。


そしてあの懐かしいサブナードの看板の前に到達。

遭難したあの日から、またここへ戻ってくることができた。感慨深く、記念にとデジカメで写真を撮っていると、警備員に声をかけられ絶望的なことを通告されてしまう。

「ここは写真撮影禁止ですのでやめてください」

これからは写真に頼ることができなくなってしまった。

メモできなかった部分は記憶で補わないといけない。

非常に難易度が上がってしまったが、これはどうしようもない。

不安を抱えながら、サブナードへの階段を降りる。

今日はサブナードに掲示してある地図を見ながら全体を回るつもりだ。

この空間は非常に広く、どこまで行っても似たようなショッピングロードが続く。

長い時間、同じ景色の中を歩いていると、別のエリアへ繋がるドアを見つけてしまった。

サブナードに続きがあるなんて想定外だ。

このドアはどこに続いているのだろう。

ドアの先へ進んでいくと、四つの上り階段が密集して現れた。

その一つを上がってみると、さらに複数の階段が現れる。その階段を上がるとまた別の階段。ここは複数の階段が複雑に組み合わさり、まさにゲームのような迷宮をつくり上げていた。

調査する側としては興味深くワクワクするのだが、利用する人にとっては現在地を把握しづらく非常に迷惑な構造だと思う。何を思ってこうしたのだろうか。


とにかく階段を上がっていくと、そこは「西武新宿駅」だった。

まさか新宿駅の地下が西武新宿駅まで繋がっているとは思わなかった。予定以上に移動してしまい体力の限界がきたため、地上に出ることにする。地上に出るとそこは歌舞伎町だった。

普段の歌舞伎町は汚い街だが、この日だけは迷宮から脱出したという気分からか街が輝いて見えた。

新宿ダンジョンという絶望への入口 上原

普段歩かない沖縄人にはもう足が限界だった。今日はこれで終わりにしよう。宿へと戻ることにした。

今日は新宿駅で色々なことを発見できた。

・南口からプラットホームを伝えば地下通路へ行ける

・ＪＲには二つの東口改札がある

・丸ノ内線には東西、二つの改札がある
・サブナードはメトロプロムナードと西武新宿駅を地下で繋ぐ地下街

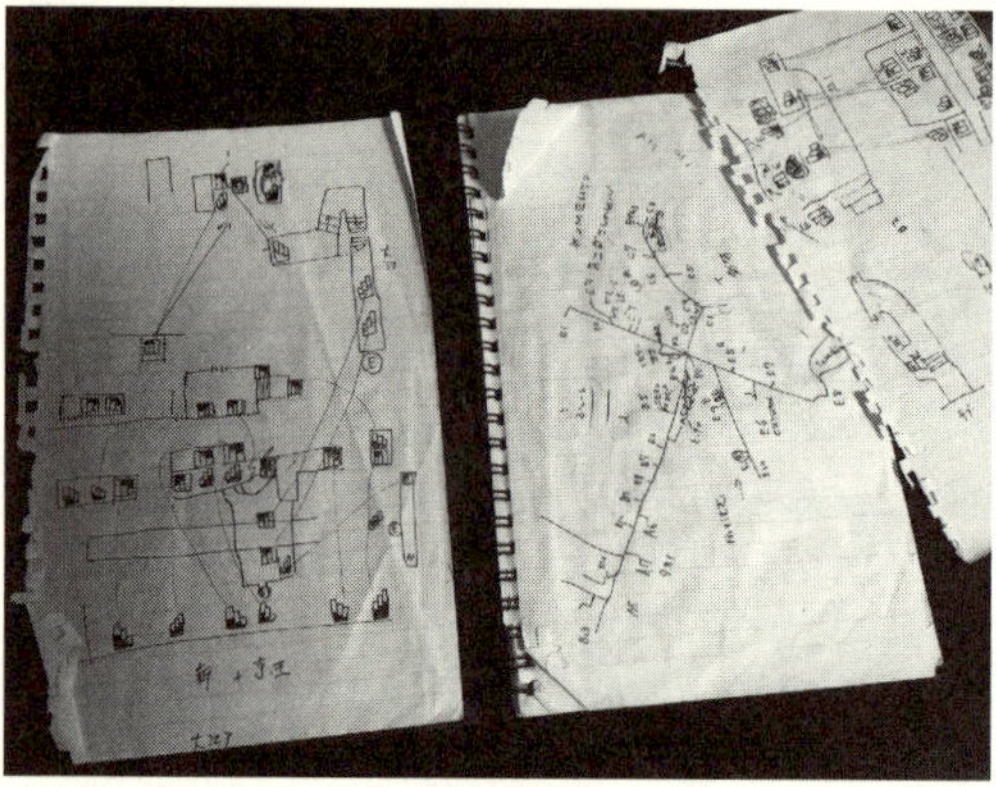

このメモをもとに地図をつくる

通ってきた道のメモはすべてとったが、途中から写真を撮っていないためどこまで記憶が残っているかが心配だ。

歩くたびに出てくる階段や、地上への出入口、地下通路……。これらすべてをこの簡易的なメモをもとに地図にしないといけない。想像すると改めてその膨大な作業量、このプロジェクトの無謀さを実感してくる。

自分はまだ新宿の迷宮のほんの一部しかわかっていない。

全体なんてまったく見えていない。

このペースだと一体何日かかるのだろう。

今日なんて西武新宿駅という予定外のエリアに突入してしまった。帰りの飛行機はもう確保してしまっているのに。


あきらめてしまうのが正解じゃないか。

ふとそう思ったが、すでに飛行機代、宿泊費、電車代を今回のプロジェクトにつぎ込んでしまっているのでそう簡単にあきらめるわけにはいかない。

しかし続けていくと費用はどんどん積み重なっていくし、止めるなら傷の浅いいまかもしれない。他のゲームならもっと楽に、費用もかからず制作できる。

もう一度考え直すべきだろうか。

尾根道がわかれば新宿がわかる　田村

上原氏は新宿駅の迷宮（ダンジョン）の把握に悩んでいる。

しかし彼は、実はすごくいいところにいた。

というのは、新宿ダンジョンの調査を、第1章でも書いたY字街道（青梅街道）の地下、メトロプロムナードからはじめたからだ。

この章では大新宿の全体像を一気に解明すべく、新宿にひそむ「暗号」を解いていきたい。まずY字街道からスタートだ。

その土地を知るには、地形を知ることが重要になる。

人間の歴史は、地球が何万年もかけて築いた地形の歴史に比べたら本当に短い。

そして人間の生活文化や文明はこの地形の上で営まれ、地形はわれわれの生活スタイルのベースをなすものになっている。

新宿はどんな地形をもっているのか。

これを知るには、新宿の地形の骨格とも呼べるY字街道の甲州街道が尾根道であることを理解することからはじまる。

これがわかれば新宿、そして新宿ダンジョンの理解はさらに深まる。

尾根道とは一体何か。

なぜこれが重要なのか。

地殻変動などの大きな地形形成を除けば、地形は地表に見られる高低差や起伏の形のことであり、それは水と土による造形物だ。

何万年という長い年月をかけて水が地表を削り、流れた土が堆積し、その形ができる。水は高いところから低いところへと重力にしたがって流れ、一粒の水は集まって小さな流れとなる。それは合流を重ね沢となり、沢が集まって川になる。川にいたるまでのいくつもの沢と、その無数の支流は「水系」と呼ばれる。

水系は自然と大地をえぐるため、そこには谷ができる。

水の流れは常に地表の固い部分と柔らかい部分をとらえ、固い部分は迂回し、柔らかい部分はその流れに削られる。運ばれた土は流れの滞留部で止まり、浸食作用と堆積作用で地形ができる。

尾根はこの地形形成の中で、水に流されずに残った比較的固い部分だ。

尾根は二つの谷の間にできた、盛り上がった地形と考えてもわかりやすい。

盛り上がった部分が連なりをつくったとき、その連なりが尾根で、これは山の稜線、あるいは馬の背と呼ばれたりもする。

山歩きではよく「尾根づたいを歩く」などと言われるが、尾根は左右両側に視界が広がるので歩きやすい。尾根にできる道は「尾根道」、あるいは「尾根筋」といわれ、「道に迷ったら尾根道へ行け」と言われるが、それは尾根から周りが見渡せるとともに、周りからも発見されやすいためである。皇居から山間の甲府をつなぐ旧甲州街道のうち、新宿周辺はこの尾根道を利用して道がつくられた。


紙を使って説明したい。

もし新宿の地図があればそれを使ってみるといい。

ない場合はＡ４サイズの用紙を横置きにして、そこに90度反時計回りに倒したＹの字を大きく書く。そしてＹの字の右の直線と斜め左下への線を、旧甲州街道に見立てる。

これができたら旧甲州街道で紙を折ってもらいたい。

新宿の地図をもっているなら、東の方向から現在の新宿三丁目の交差点までの新宿通りと、新宿三丁目の交差点から西へ延びる甲州街道を尾根に見立てて折るイメージだ。このくびれた折れがある新宿の地図（あるいは白い紙）が、新宿周辺の簡単な地形模型である。

すなわち折れ線部分が旧甲州街道の尾根道であり、周囲よりも盛り上がった地形をしている。そしてその尾根道は右（すなわち東）から、左（すなわち西）へと緩い勾配で上っている。

人が新宿の土地を東から西へ行こうとするとき、そこには何万年もかけて地球がつくった天然のハイウェイがあるわけで、これを利用しない手はない。こう考えると旧甲州街道は、必然でできた道とも考えられる。

この甲州街道の尾根筋は実際に体感できる。

「四谷怪談」などで知られる四谷から、新宿通りを新宿方向に歩いていくと、通り沿いに四谷らしいちょっとエレガントなビルが建ち並ぶ。このあたりの交差点では、新宿通りの左右がともに下っているのが特徴で、新宿通りが尾根筋であることがよくわかる。

新宿駅は実は渋谷区にある!?

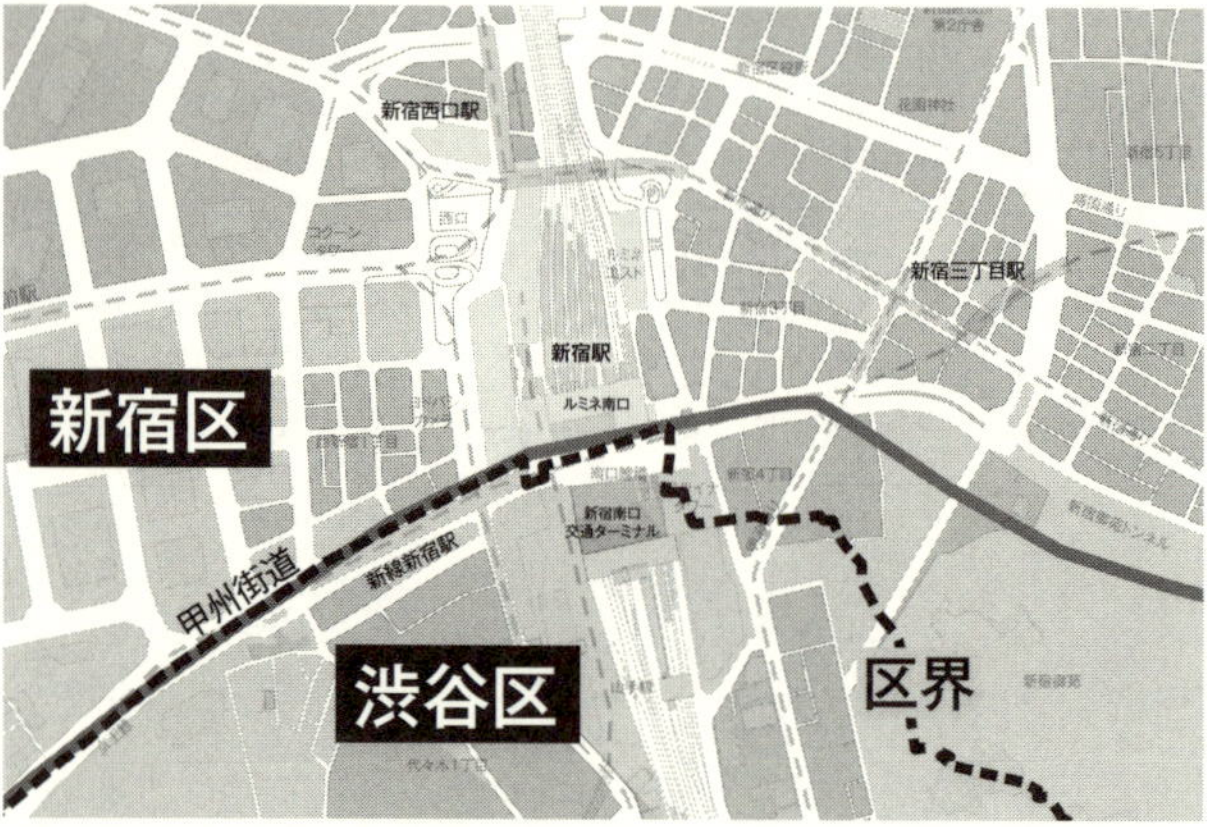

尾根筋が二つの谷、すなわち二つの水系の間にできるということは、水は尾根筋で左右（新宿の場合は南北だから地図上は上下）に分かれているということだ。

そしてこの尾根筋で生活文化圏が二つに区切られるのは自然なことだろう。

尾根は自然がつくり出す一つの壁の役割をもち、行政区分も尾根筋を使用することがある。新宿駅周辺の新宿区と渋谷区の区境も、まさにこの旧甲州街道の尾根に沿っている。

南へ拡張している新宿駅は、実は南口までは新宿区だが、甲州街道より南のサザンテラス口は渋谷区となる。新宿駅は新宿区と渋谷区に跨いでいるのだ。これは新宿駅がキャパシティオーバーで、甲州街道を超え、南に拡張したからである。
Y字街道の新宿三丁目から旧甲州街道を通り、Y字のところで左上方向に分岐する旧青梅街道はどうか。新宿駅周辺部の北西を神田川が流れているため、旧青梅街道は神田川を跨ぐ谷越えルートとなる。神田川水系がつくる谷を神田川へと降りていき、淀橋を渡ったあと谷を上って行く。

新宿の地下街や地下通路を歩くとき、階段や坂が出てきて地下で上り下りしたりするが、これは地上の地形の起伏が地下に反映しているからである。つまり地上の地形が下がるところに地下通路があれば、地下通路も下がる。地下通路は地上に平行して、坂であることもあれば、階段と平坦な通路という組み合わせのときもある。

旧甲州街道が尾根であること、その尾根がつくり出す全体の地形は、新宿そして新宿の地下迷宮を把握するのに役に立つ。新宿地下迷宮は、地表の起伏をコピペしたもの、あるいは画素数を粗くしたコピペとも言えるのである。

新宿に隠された三つの暗号

暗号がわかれば新宿の謎は解ける　田村

新宿地下迷宮《ダンジョン》を歩いていると、実際それは迷宮そのものであると感じるが、俯瞰するとその全体は思っているよりわかりやすい。ここからは新宿駅とその東西にはっきりと見える地下通路がつくる「暗号」を解明していく。

それはナスカの地上絵のようで、通路を歩いてもその形はわからない（地上絵同様、見えない）。しかし俯瞰するとそれははっきり現れる。無論新宿のダンジョンはほとんど地下にあるため、これは「新宿の地中絵」で、地下通路をつなぐと見えることの暗号は「文字」の形として現れる。新宿駅西側には漢字の「田」。新宿駅にはカタカナの「ラ」。新宿駅東側にはひらがなの「み」。この三つの暗号を、以降「田ラみ」

新宿に隠された暗号「田ラみ」

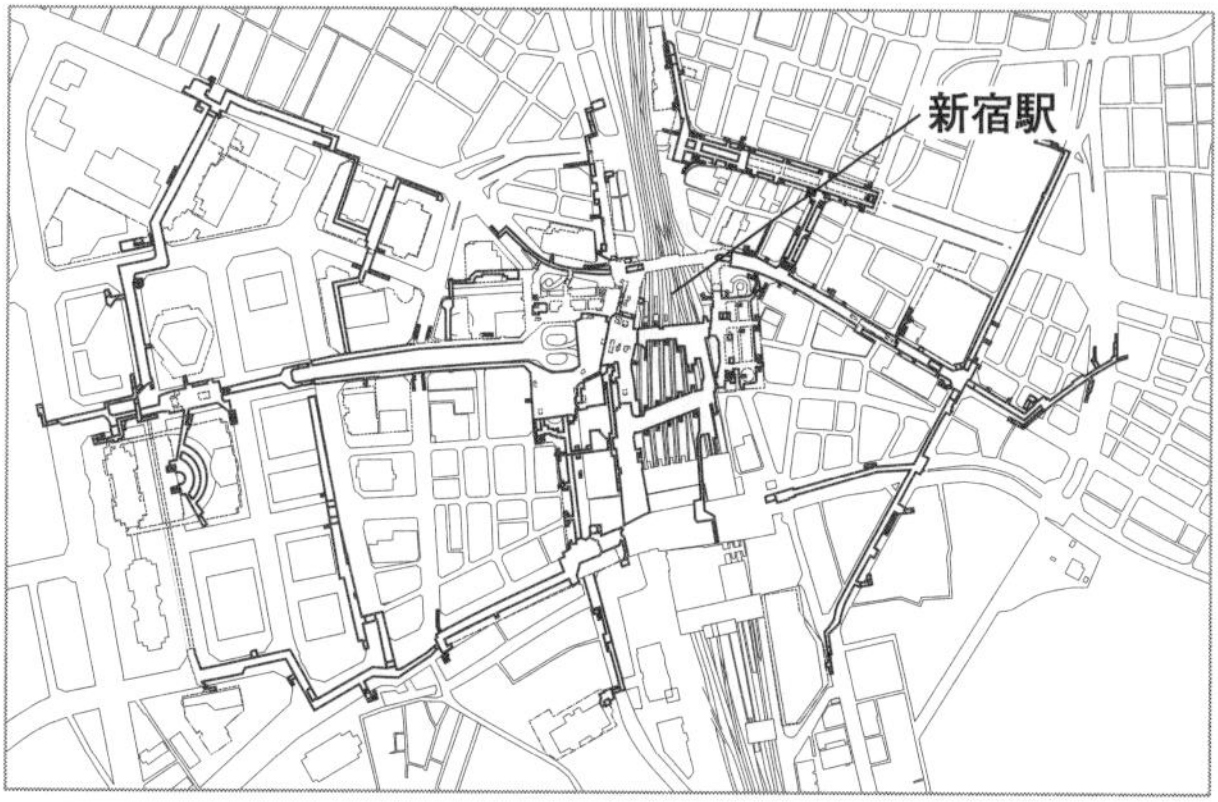

↓

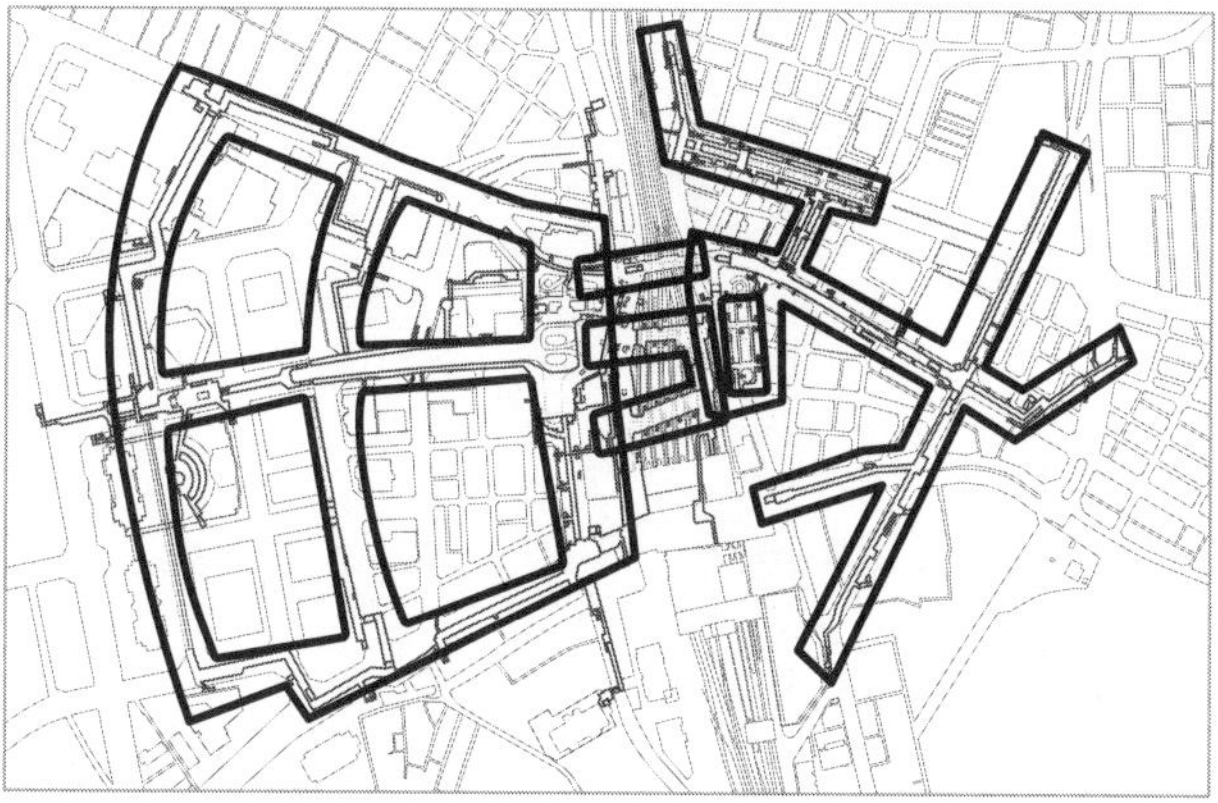

と呼ぶ。この田ラみも364万人をさばくのに大きく貢献している。

第一の暗号「田」　田村

新宿の地下に広がる地下通路を追っていくと、西側に「田」の字が現れる。

第一の暗号は「田」。これは新宿西口駅、京王モールと京王百貨店の地下街を含む西側にある。少し歪んだ田の字をしているが、この歪みを修整して「田」と見なす。

＜「田」の「田」の部分＞

これは左半分に都営大江戸線都庁前駅の下階を、右半分の北側と南側に中央通り地下道を含んでいる。

＜「田」の「田」の部分＞

ここは北から都営大江戸線新宿西口駅、JR西口交通地下広場、京王百貨店のモール、京王百貨店の地下街、そして地下7階にプラットホームをもつ都営地下鉄大江戸

第一の暗号「田」

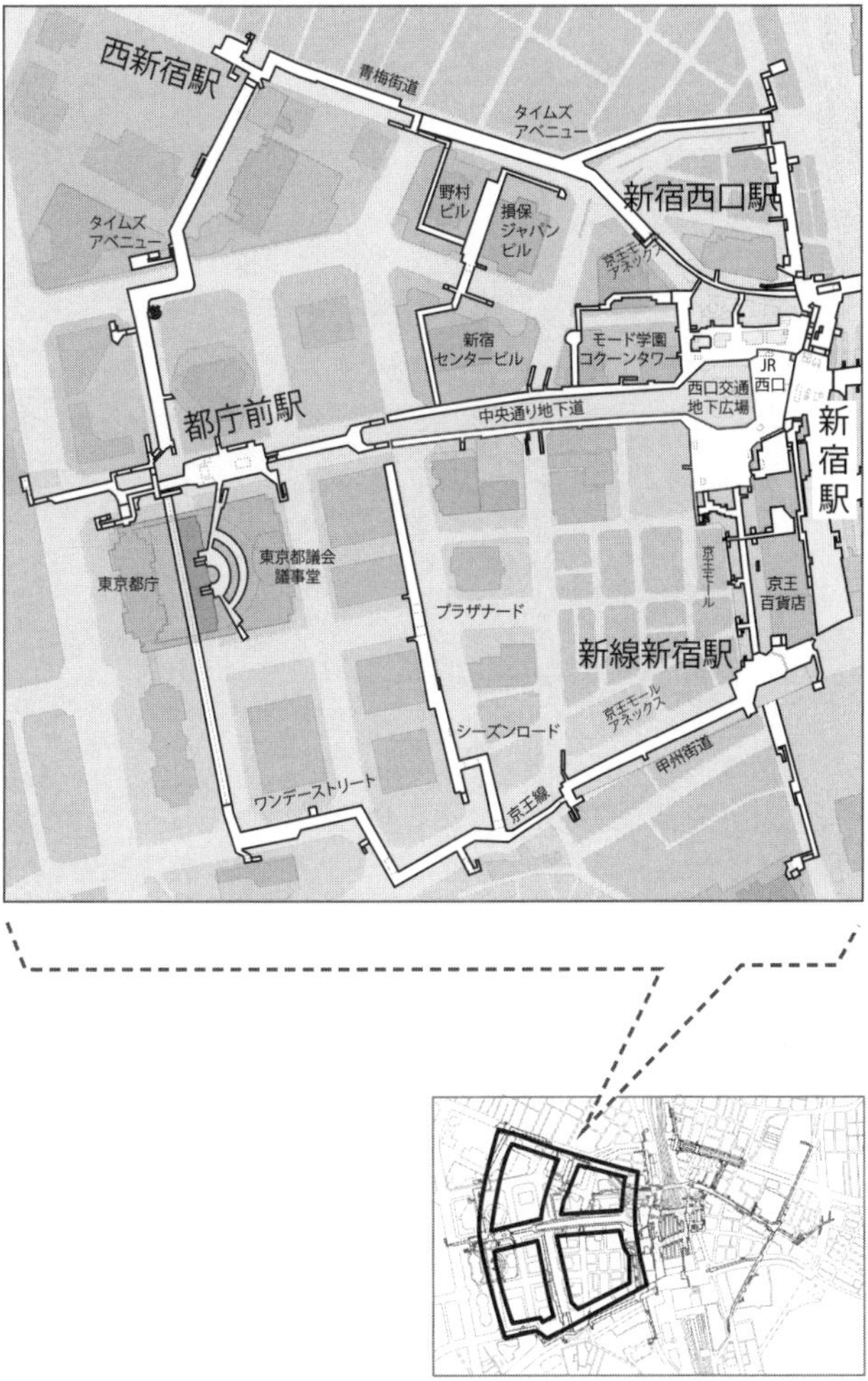

西新宿駅
青梅街道
タイムズ
アベニュー
新宿西口駅
野村
ビル
損保
ジャパン
ビル
京王モール
アネックス
タイムズ
アベニュー
新宿
センタービル
モード学園
コクーンタワー
JR
西口
西口交通
地下広場
都庁前駅
中央通り地下道
新
宿
駅
東京都議会
議事堂
東京都庁
京王モール
京王
百貨店
プラザナード
新線新宿駅
京王モール
アネックス
シーズンロード
甲州街道
ワンデーストリート
京王線

線と、地下5階の都営地下鉄新宿線の新線新宿駅改札までが含まれる。

＜「田」の「田」の部分＞

これは甲州街道の地下街の京王モールアネックス、都営地下鉄新宿線の新線新宿駅改札とワンデーストリートを形成している。

＜「田」の「田」の部分＞

これは南側はワンデーストリートから分岐するシーズンロードとプラザナードを通り中央通りへ抜け、北側はタイムズアベニューの一部から新宿野村ビル、損保ジャパン日本興亜本社ビル、新宿センタービルの地下街の中をすり抜け、中央通り地下道へたどり着く。

＜「田」の「田」の部分＞

地下鉄丸ノ内線西新宿駅からタイムズアベニューの一部を通って新宿西口駅までいずれ通じるところである。

〈「田」の「田」の部分〉

北側のタイムズアベニューの一部と、南側の都庁通りが含まれる。

「田」は、東西に約700メートル、南北に約800メートルの範囲で地下に展開している。「田」については南に尾根として通る甲州街道と北の青梅街道の間に挟まれる位置にあることを、覚えておきたい。

第二の暗号「ラ」 田村

第二の暗号は「ラ」だ。これは西の「田」と東の「み」を繋ぐ。

つまり新宿駅の西の暗号と東の暗号を、「ラ」は繋いでいるのである。

〈「ラ」の「ラ」の部分〉

これは地下鉄丸ノ内線上の「メトロプロムナード」の部分である。これはすでに上原氏が迷った件で何度かお目見えしているが、メトロプロムナードの丸ノ内線西改札と東改札間を示す。

＜「ラ」の「ラ」の部分＞

ここはJR西口改札とJR東口改札をつなぐ北連絡通路（青梅地下通路）。

＜「ラ」の「**ラ**」の部分＞

これはアルプス広場、JR中央東口改札、中央連絡通路、JR中央西口改札を含む。

「ラ」は東西に約120メートルを繋いでいる。新宿駅の東西を繋いでいるのはこの「ラ」の他に、南に南口とサザンテラス口などがあるが、詳しくは次の章で説明する（地下で東西を繋ぐのはこの「ラ」だけである）。

第二の暗号「ラ」

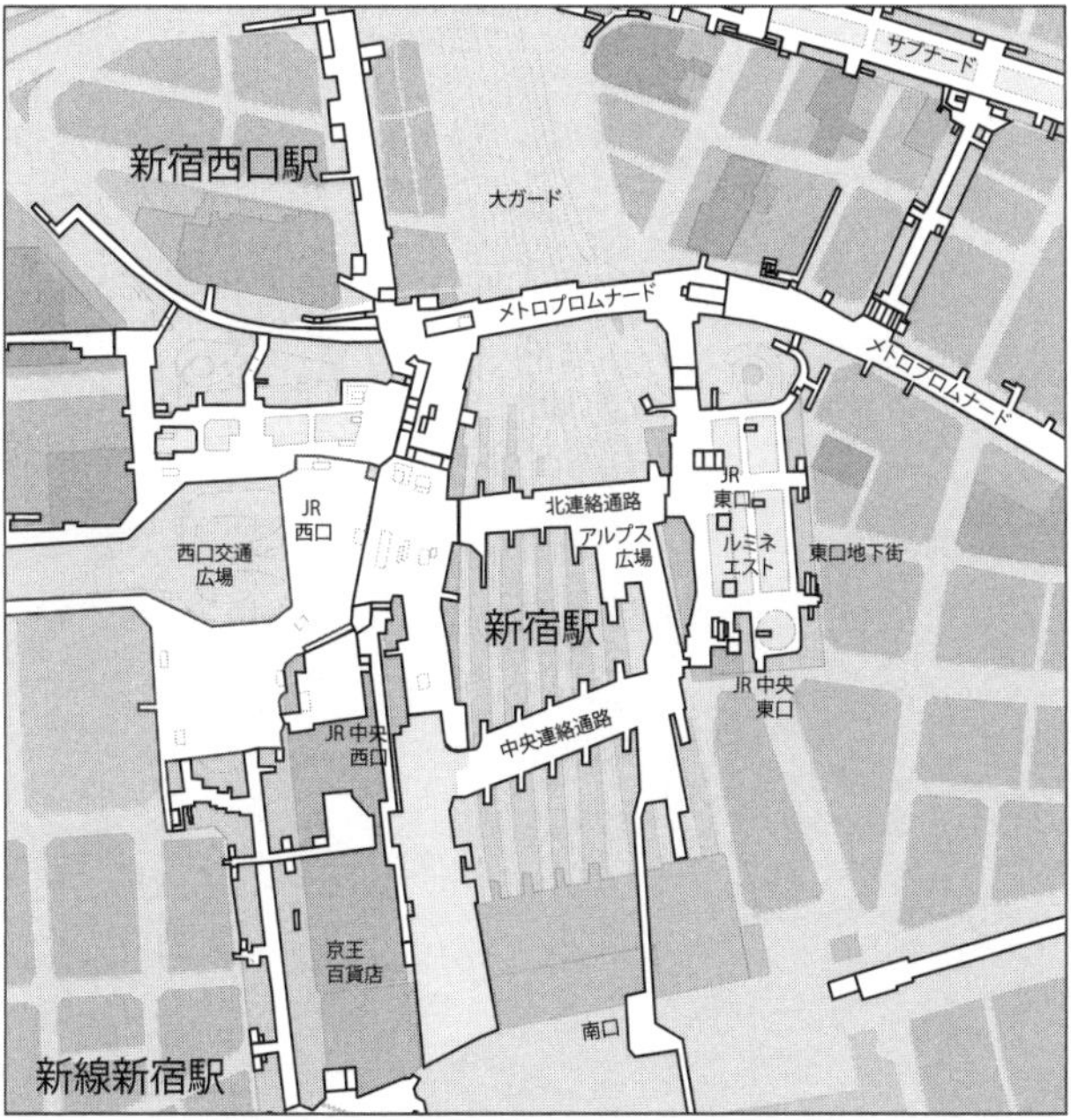

サブナード
新宿西口駅
大ガード
メトロプロムナード
メトロプロムナード
JR
西口
西口交通
広場
北連絡通路
アルプス
広場
JR
東口
ルミネ
エスト
東口地下街
新宿駅
JR 中央
東口
中央連絡通路
JR 中央
西口
京王
百貨店
南口
新線新宿駅

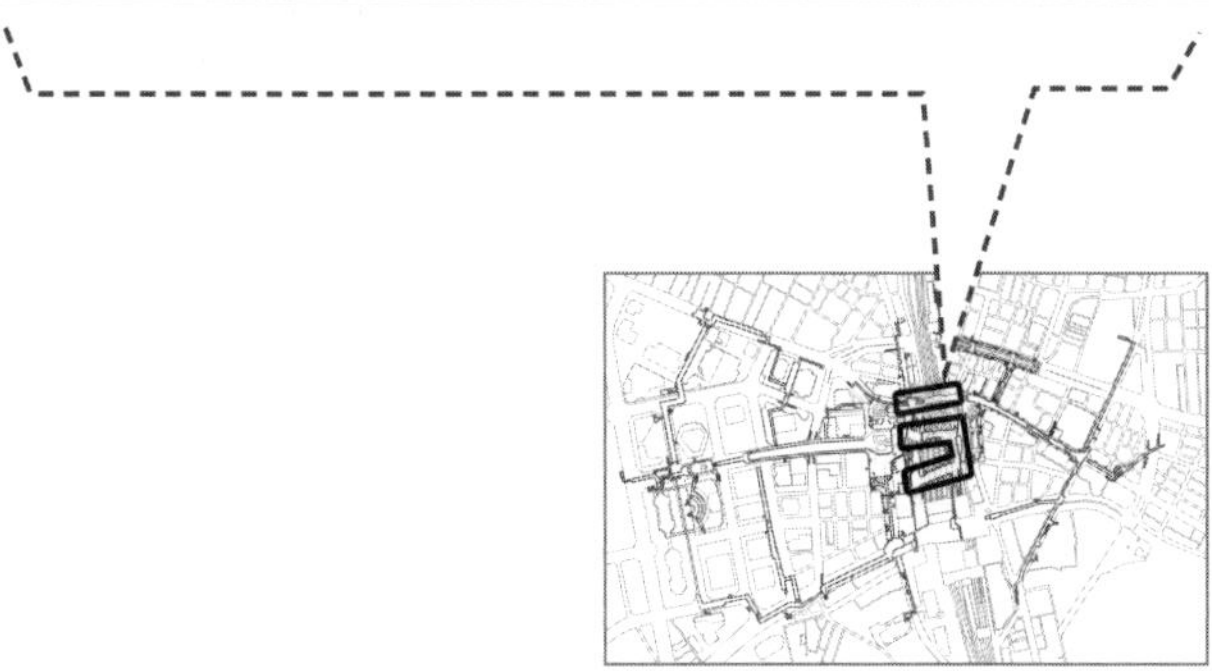

第三の暗号「み」 田村

新宿駅の東口と中央東口改札、西武新宿駅のサブナードとメトロプロムナードから東を「み」と見る。以下分解して解説しよう。地下通路は基本的に何かと何かを地下で繋いでおり、この何かとは業務施設や商業施設であるが、これをここでは錨《いかり》を意味する「アンカー」と呼ぶことにする。アンカーがその地下通路を繋ぎ止めているイメージからだ。

＜「み」の「み」の部分＞

新宿駅東側の中央道路とも言える新宿通りの真下を通る「メトロプロムナード」の部分である。これは新宿駅と新宿三丁目駅が互いにアンカーの役目をしている。

＜「み」の「み」の部分＞

メトロプロムナードと西武新宿駅をつなぐ新宿サブナードの部分だ。西武新宿駅がアンカーである。

第三の暗号「み」

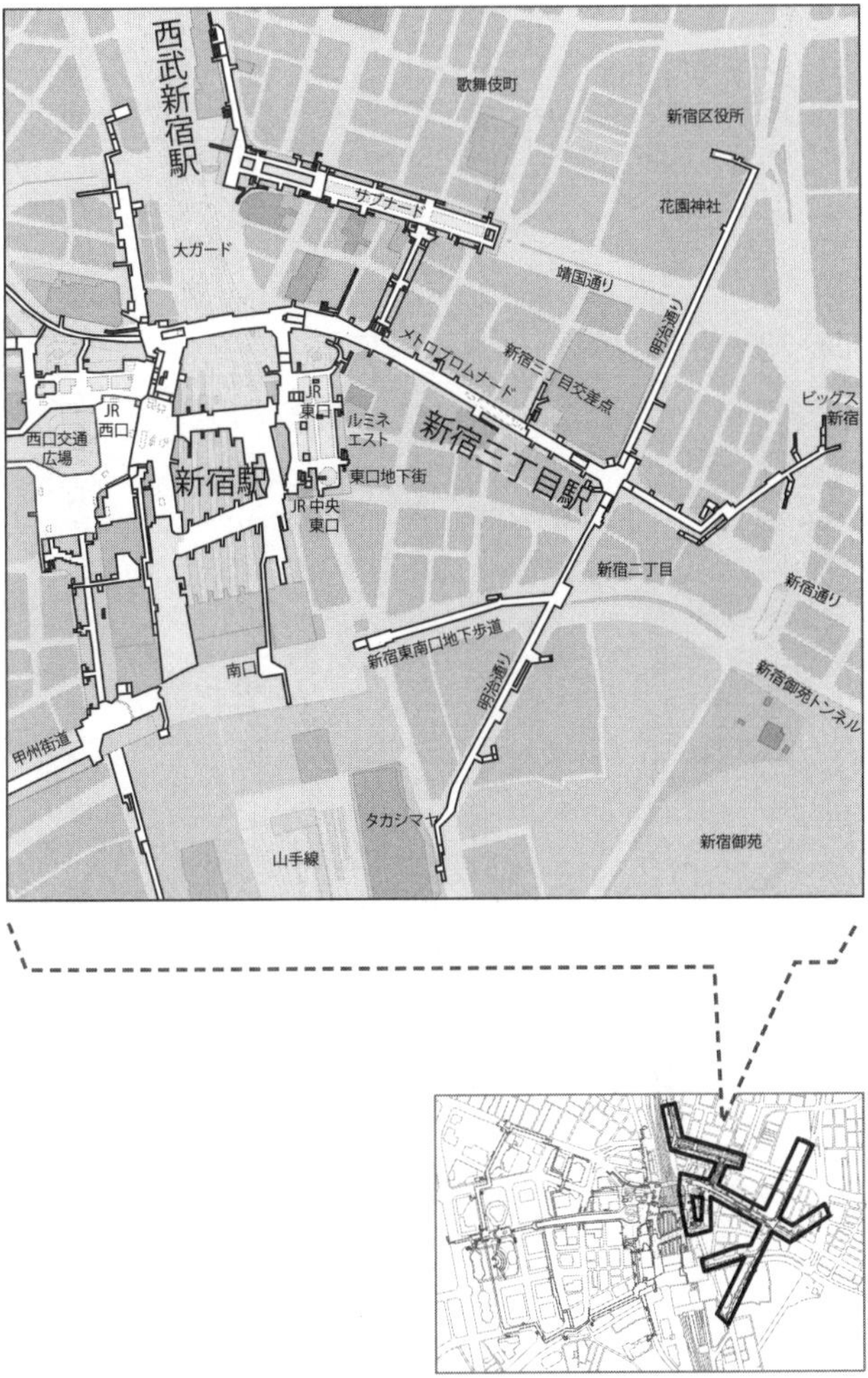
西武新宿駅
歌舞伎町
新宿区役所
サブナード
花園神社
大ガード
靖国通り
明治通り
メトロプロムナード
新宿三丁目交差点
ビッグス
新宿
JR
東口
ルミネ
エスト
新宿三丁目駅
JR
西口
西口交通
広場
新宿駅
東口地下街
JR 中央
東口
新宿二丁目
新宿通り
新宿東南口地下歩道
南口
明治通り
新宿御苑トンネル
甲州街道
タカシマヤ
新宿御苑
山手線

〈「み」の「み」の部分〉

新宿駅東口地下街と改札前の地下広場だ。アンカーは東口地下街。

〈「み」の「み」の部分〉

新宿三丁目駅から北東南へと長い地下通路が延びる部分である。それぞれ北は明治通りの下を新宿区役所第二庁舎まで通じており、東は途中に都営新宿線新宿三丁目駅改札がありビッグス新宿ビルまで通じている。南は明治通りの下を通り、途中、東京メトロ副都心線新宿三丁目駅改札を抜け、タカシマヤタイムズスクエアまで通じている。そして南へ延びる地下通路の途中で分岐し甲州街道の地下を陸橋の下まで行くのが新宿東南口地下歩道である。

「み」は、東西に約600メートル、南北に約800メートルの範囲に展開している。

「み」と尾根がつくる地形の関係を見てみよう。

「み」の地下での高さ関係は、「み」を基準とすれば、新宿東口地下街「み」は、これよりも上がっている。これは甲州街道が尾根であるため、甲州街道から新宿通りへの地形が下っていることと対応している。また、三方に延びている地下歩道「み」についても新宿三丁目が尾根であるからそこをトップに「ト」が下がっている。

ちなみに「田ラみ」の「田」と「ラ」と、「み」の部分は、旧青梅街道から旧甲州街道の一本道の地下である。対して甲州街道の下にはあまり新宿ダンジョンは発展しなかった。

次章ではこの「田ラみ」をもう少し掘り下げてみよう。

新宿ダンジョンの恐ろしさ　上原

次の日起きると足に激痛が走った。

どうやら歩き過ぎたようだ。

まともに歩くことすらできないため、その日は調査を休み、宿で過ごすことにした。

まだ新宿のほんの一部しか歩いていないのにこの状態。

最後まで調査をやり通せる気がしなくなってきた。

不安がどんどん大きくなっていく。

翌日、少し足が回復したので調査の続きを行う。

目的はメトロプロムナードの東端、「新宿三丁目駅」。

ここは特に複雑な形をしていないので把握は容易なのだが、通路が三方向に延びておりそれぞれが非常に長い。

痛む足を引きずりながらなんとかその三つの通路をすべて歩き終えたのだが、そこで足に限界がきてしまった。見てみると血が滲んでいた。

悔しいが今回の調査はここで引き上げ、いったん沖縄に帰り、出直すことにした。

覚悟不足、準備不足。

田舎者が新宿駅をあまく見過ぎていたようだ。

第4章

新宿駅の東西を繋ぐ七つの抜け道

抜け道を制する者が新宿を制す

二度目の挑戦へ 上原

前回の調査では足の痛みもあり、新宿の東側しか調査することができなかった。調査では通路の構造をメモ帳に書き、出入口があればその近くの特徴的な建物や目印を探し、その出入口に名前をつける。そしてそのメモからゲームに使えるような正しい地図を描き起こしていく。

大雑把なメモでもしばらくは写真があったのでなんとか地図をつくれていたが、写真が撮れなくなって以降は、非常に難易度が高くなった。

記憶でどうにかなると思っていたが、人間の記憶力なんて全然信用できないようだ。次からは地図起こしのことまで考えてメモを取っていかなければ。

いまはネットでほとんどのことをすぐに調べることができる世の中だが、そのネットに情報がなければ、地道に作業を重ねてつくり出していくしかない。

2回目の挑戦をする日程が決まり、調査の準備をはじめる。
今回は勝手もわかってきたので効率的に計画を立てることができた。
1回の挑戦で新宿すべてを調査するのはあきらめ、あと数回の上京を覚悟。
今回の調査範囲を決め、いま集められる断片的な情報で予習を繰り返した。
とにかく痛手なのはデジカメを使用できないことだ。
写真を撮っておけば見落としもあとから確認することができるのに。
これからは細かい部分まで目で見てメモに落とし込まないといけない。

ゲーム化する際には、通路の壁の出っ張りや引っ込み、床の色や壁の色も再現したいと考えていた。細かい表現を入れることで、ゲーム内のマップから現実のその場所をイメージしやすくなるのではないかと。
調査ではこれらもしっかりメモに残していかなければ。

東から西へ渡る道はどこにあるのか 上原

新宿駅に到着し、2回目の調査を開始。

今回は新宿駅の西側を探索するのが目的だ。

今回も南口からスタート。

新宿駅の周囲を少し巡回し、その後、西側へ渡って調査を進めていく予定だ。

ホームから階段を上がり、今回は切符代をケチらず南口改札を出て駅の外へ。

右を見ると、甲州街道が西へ延びているのが見える。

奥には超高層ビルが何本も立っている。

甲州街道はそのビル群へ吸い込まれるように下りていく。

その反対側、左の緩やかなほうへ新宿駅を回り込むように進んでみる。

券売機を左にしばらく行くと、「東南口」改札が見えた。前回内側から確認した改札だ。

「東南口」の右に、わずかに湾曲したアルミ製の外壁と、ガラスでできた商業ビル。

壁には大きなモニターも見える。

このような、駅と同化した商業施設内にはよく抜け道があったりするので、ここも調べておかなければと、東南口の前の大階段を降り、「フラッグス」という名のこのビルに入る。

うまく西側に渡れる通路があったりしないかと期待もしたが、何も見つからずハズレ。残念ながらこのビルに抜け道はないようだ。

そのままビルに沿って脇の並木道（と言っても木はとても小さいが）を歩いていく。

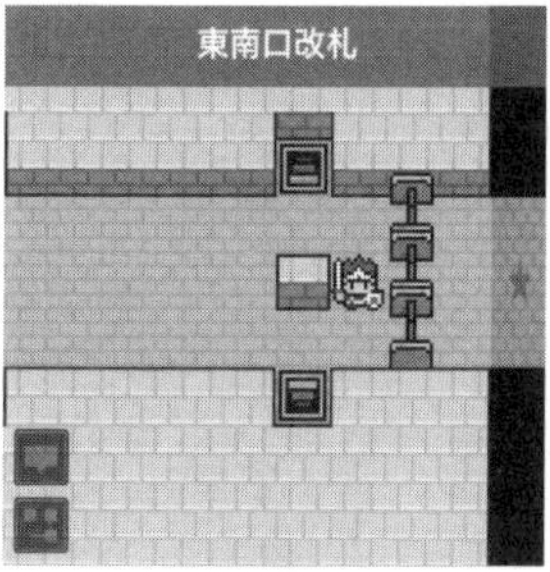

東南口改札

左手には八角形の不思議な形をしたビルが現れ、そこを過ぎると細長く開けた場所に出る。

でもこの空間はどう使われているのかよくわからない。

真ん中には小さなガラスのピラミッドがあった。

何故ピラミッドをここに置いた？

左には「ルミネエスト」（かつてのマイシティ）が建っている。スピード感のある大きな箱のような建物だ。

その周囲を歩いていると「ルミネエスト」と書いてある入口の脇に、小さく「新宿駅」と書いてある吊り案内板を見つけた。

どう見ても駅ではなくルミネエストの入口なので、見落としてしまうところだった。

そこに入ってみると、すぐ左手に細いエスカレーターがあり、駅への案内が続いていたので降りてみた。

するとそこはＪＲ「中央東口」改札。前回歩いたルートに繋がってしまった。

どこまでも迷宮のようなつくりをしている駅だ。

そろそろ西側に向かいたい。どう進めばいいのだろう。

西口改札が存在するので、中央東口改札から改札の中を通れば西側へ渡ることができそうだ。しかしここを通ると切符代がかかる。せっかくなので改札を使わずに西側へ渡るルートを探してみることにした。

東口改札のほうへ歩く。この改札からも中を通れば西側へ抜けられそうだが、同じ理由でスルーする。するとまたあの因縁の地下通路「メトロプロムナード」にたどり着いてしまった。

考えてみればこの東西に長く延びるメトロプロムナードを使えば、西側に渡ることができるはずだ。他のルートは改札で分断されてしまっているので、もしかして新宿駅で東西を自由に横断できるのはこのメトロプロムナードだけなのだろうか。

そうだとすると、メトロプロムナードはとても大事なルートなのかもしれない。

新宿駅の東西の抜け道は七つある　田村

新宿駅を東西に自由に行き来できるようになれば、かなりレベルの高い「新宿通《つう》」と言える。この道を一つでも知っていれば、新宿駅を苦と思わなくなり、逆にこれを知らないと、新宿駅は万里の長城よろしく鉄のカーテンのように立ちふさがる。新宿駅の東西の渡り方は7通りある。以下それを北から羅列する。

①大ガード（靖国通り）
②角筈《つのはず》ガード（旧青梅街道）
③メトロプロムナード（新宿通り、地下鉄丸ノ内線）※地下
④北連絡通路（ＪＲ新宿駅構内）※地下
⑤中央連絡通路（ＪＲ新宿駅構内）※地下
⑥南口跨線橋《こせんきょう》（甲州街道）
⑦新南口・サザンテラスロウッドデッキ（甲州街道）

③④⑤は地下にあり、その他は地上にある。

先に上原氏が悩んだように、④⑤はＪＲ新宿駅改札内なので、ここを使うには切符が必要になる（④と⑤が自由に使えれば、新宿の人の流れは劇的に変わるだろう）。抜け道にはそれぞれ個性があるので、一つひとつ紹介したい。

新宿駅東西を繋ぐ七つの抜け道

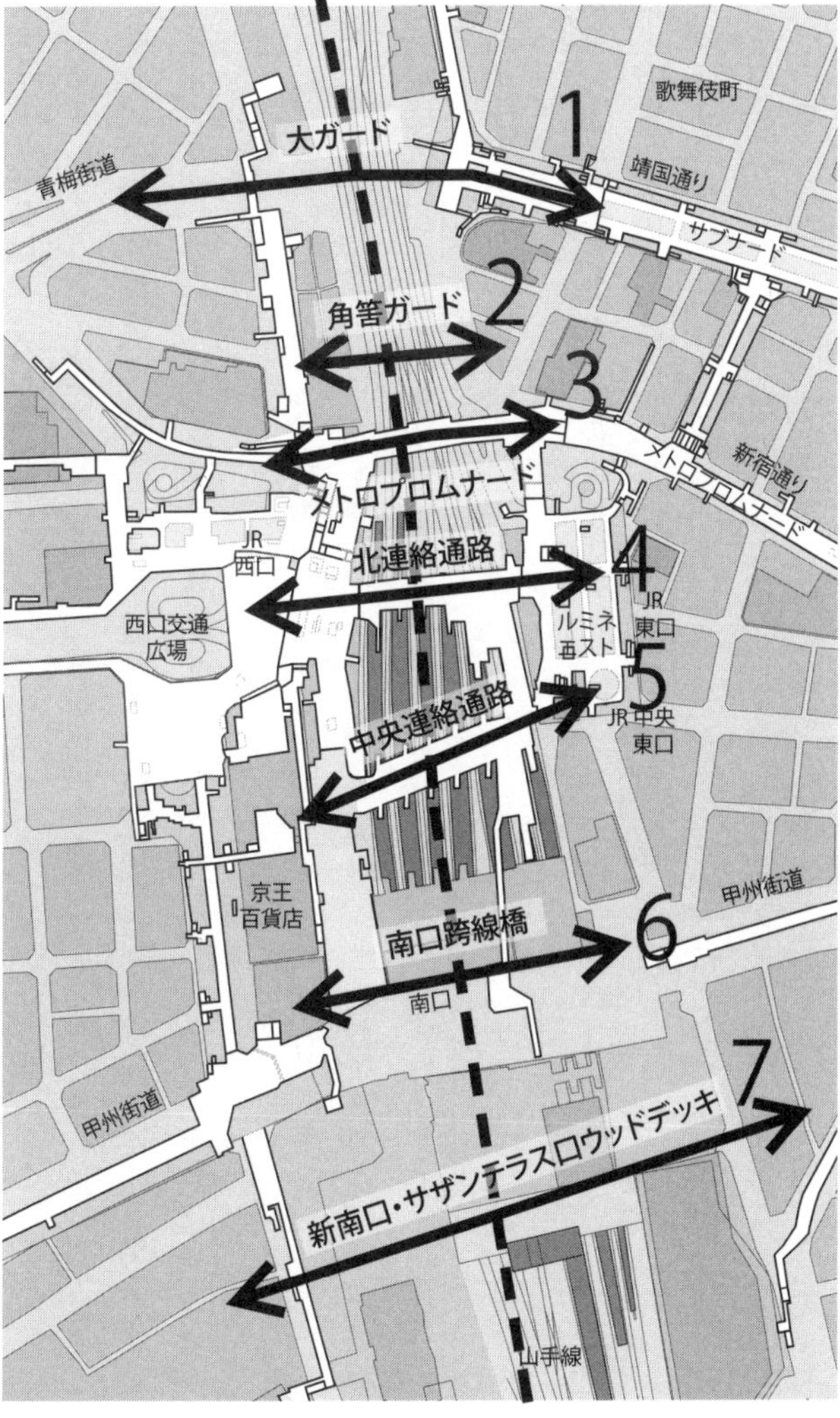

①大ガード（ここはゆったり渡りたい）

新宿駅東口からは少々遠回りとなるが、歌舞伎町なんかにいれば、この道はとても使い勝手がいい。新宿通りの北にある、道路幅の広い靖国通りが線路をくぐる場所が大ガードである。大ガードをくぐるとき電車の音が轟音に聞こえるが、それはとても都会的な体験である。

夏には花火大会が開催される隅田川にかかる両国橋から、靖国神社の横を通り新宿まで続く靖国通りは、この大ガードをくぐった先からが青梅街道となる。かつての旧青梅街道は次の抜け道②の角筈《つのはず》ガードの上へと抜けていたが、いまは新都心歩道橋下の交差点で左に折れて靖国通りに繋がっている。

②角筈《つのはず》ガード（心洗われる古《いにしえ》のトンネル）

地上で東西を抜けるのに、一番便利な抜け道が角筈《つのはず》ガードだ。

新宿通りとルミネエストの間の広場に立ち、ルミネエストに向かって右側を見たとき、そこにはかつて大きな映画のポスターが並んでいたのをご存知だろうか。

昭和42年頃の角筈ガード　新宿歴史博物館所蔵

その下に手を上げれば天井に手が届くほど天高が低く、通路幅も狭い抜け道（トンネル）がある。それが角筈ガードだ。

角筈ガードは１９２７年から人々を東西に渡しており、大都会新宿のド真ん中にあるとは思えない、人体スケールに合った心和む地下道となった。東側から西側へ抜けると、そこには戦後の闇市の雰囲気をいまも残す、小さな店が坂沿いに並ぶ。

その奥には「思い出横町」と「飲んべえ横町」が線路際に一区画を構え（戦後から現在まで奇跡のように残ってきた）、生きた戦後闇市の姿を見ることができる。

思い出横町への入口の向かいには、しゃれた案内表示が立っていて、かつてそこが青梅街道であったことを記している。これは先述した通り、いままで何度かお目見えした旧青梅街道の記憶である（次ページ参照）。

ここにはかつて青梅街道がまっすぐ通っていて、いまから130年ほど前、そこを鉄道が横切るようになり踏切ができた。しかし鉄道の交通量が増えるとても踏切では対応できなくなり、踏切は歩道橋になり、やがてトンネルに変わった。これが現在の角筈ガードだ。

かつてあったであろう青梅街道を想像しながら目を上げると、ビルの間に視線が遠くまで抜ける道がある。そこが旧青梅街道の往来だ。いまでは人淋しい新宿の裏の通りとなってしまったが。

角筈ガードは東西を横断する便利な抜け道であるだけでなく、都会で小さなタイムトリップを体験できる場となっている。それゆえ角筈ガードから出てくる人の流れは、いつも絶えない。

角筈ガードを通るときに注意しなければならないことがある。それは人の流れに乗って歩かなければならないということだ。角筈ガードを使う人は新宿の東西の渡り方を知っている通《つう》であり、彼らは大抵急いでいる。急いでいるから通路幅が狭いのにわざわざこの角筈ガードを選ぶのだ。もしそんなところで迷ったりのろのろ歩いていたら、彼らの邪魔をしているも同然だ。

旧青梅街道であったことを示す案内表示
その先まで街道が続いていたことを感じさせる

狭くて小さい角筈ガードではあるが、人々が流れを止めないからこそ、新宿の東西を繋ぐ大事なパイプとして90年近くも機能している。

③メトロプロムナード

地上にある新宿通りは、東から西に新宿駅の線路を跨ぐとき、直進せず線路の手前で右に折れ、靖国通りに合流し、ガードをくぐって青梅街道に合流する。このときこの地下を直進する形で地下の東西を繋ぐのがメトロプロムナードだ。

これはすでにたっぷり説明したので、ここでは省略する。

④北連絡通路（横綱の貫禄を堪能）

北連絡通路は、地下で東口改札から西口改札を結ぶ、新宿駅の大動脈であり大黒柱だ。中央連絡通路と合わせ、これがあっての新宿駅、ここが機能しなくなったら新宿駅は新宿駅でなくなる。

北連絡通路は天井が白く光って見えるが、それは天井から吊るされた案内表示が並んでいるからである。地下通路の天井に、手前から奥に向かってプラットホームの数だけ白く光る案内板が並んでいる様子はとても美しい。

北連絡通路が繋ぐ東口と西口は、ずらりと並んだ改札機が幅をきかし、まさに新宿一の改札として横綱の風格を醸し出している。こんなに多くの横並びの改札機を一斉に人が通る様子は、世界でもなかなか見られない。これも新宿駅ならではの光景だろう。その役割から考えると、この二つの出口こそ、頭に「中央」をつけ、「中央東口」、「中央西口」としたいくらいだ。

あるいは「北連絡通路」というなら、改札の頭に「北」がついてもおかしくないが、そうなると「北東口」、「北西口」となり混乱するので「東口」「西口」となったのかもしれない。ただ結果として、冠がつかないことが冠を示し「ザ・東口」、「ザ・西口」となり、ここは他の何者にも譲ることのない不動のポジションを築いている。

この北連絡通路を別名「青梅連絡通路」という。

「青梅」というのは青梅街道のことである。

「青梅街道」が「新宿通り」と名を変えたのは、東京オリンピック前の1962年のことなので、それより前にできたこの通路は、次に紹介する南の「中央連絡通路」よりも青梅街道側（北側）にあったことから「青梅連絡通路」と名がついたのだろう。

北地下通路並びに中央地下通路の役割は、東西を繋ぐための連絡通路というよりは、改札と各プラットホームを繋ぐための通路であるが、東口と西口の改札が同じ連絡通路を共有していることから、結果として東口と西口が繋がった。

成り立ちをこのように考えれば、ここを東口から西口（逆もしかり）へ通り抜ける抜け道として使用するのは、駅側にしてみればゴメンであろう。

東口改札を出ようと思っていたのに間違って西口改札から出ようものなら（その逆もしかり）、新宿駅の地下を知らない人は即、新宿の迷宮に足を踏み入れることになる。ここをうっかり間違ったり、あとで紹介するリカバリーのための抜け道も知らなかったりすると、新宿ダンジョンの泥沼から抜け出せなくなる。

もしもここで迷ったら、腹をくくって切符代をもう一度支払い、間違った改札を戻って正しい改札へ行くのが賢明だ（実はそれが最良の抜け道と言える）。

東口から西口への無料の通り抜けは、かなり新宿駅をマスターしていなければ試さないほうが身のためだ。あるいは得意の笑顔で駅員に事情を話し、なんとか救ってもらう手もあるかもしれない（？）が。幸運を祈る。

⑤中央連絡通路（改札の中にまた改札）

北連絡通路の説明にならえば、中央連絡通路は中央東口と中央西口を繋ぐ地下連絡通路である。この二つの連絡通路は平行かつ役割も瓜二つだろうと思いがちだが、実は違う。二つは「並行」はしているが、「平行」ではない。

中央連絡通路は2本の通路をまとめて「中央連絡通路」と呼ばれる。2本の通路の外側にはプラットホームへ上る階段があるが、その間にはエスカレーターがあるところもある。だから横綱の張り手のようにズドーンと一直線で途中に邪魔がない北連絡通路に比べると、中央連絡通路はいろいろ誘惑があり迷いやすい。また通路が上のプラットホームに対して直交せず斜めに傾いていることも迷わせる原因の一つだろう。

この通路の東側の改札外で東口と中央東口は繋がっているが、ここは改札内でも南北に広がる「アルプス広場」で繋がっている。だから外から東口改札を入って左に曲がれば中央東口改札、そしてそこから中央連絡通路に行くこともできる。

一方西側は、西口改札と中央西口改札が、改札内で直接的には繋がっていず、新宿駅構内の地下通路の空間構造を示した「ラ」の下が「フ」になっているのは、このためである。これが新宿駅構内のシステムだ。

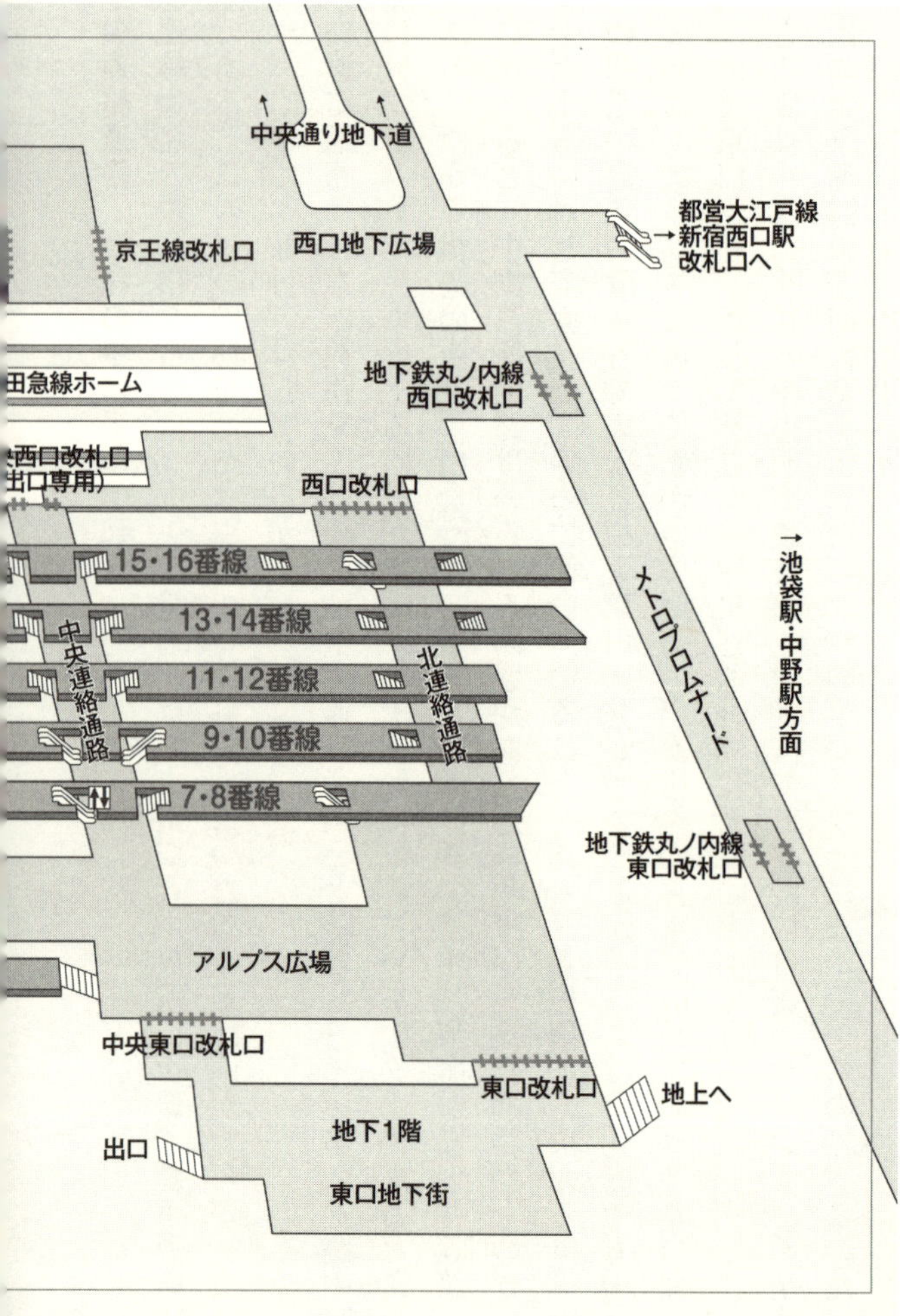
中央通り地下道
都営大江戸線
新宿西口駅
改札口へ
京王線改札口
西口地下広場
田急線ホーム
地下鉄丸ノ内線
西口改札口
西口改札口
出口専用)
西口改札口
15・16番線
13・14番線
11・12番線
9・10番線
7・8番線
中央連絡通路
北連絡通路
メトロプロムナード
→池袋駅・中野駅方面
地下鉄丸ノ内線
東口改札口
アルプス広場
中央東口改札口
東口改札口
地上へ
地下1階
出口
東口地下街

新宿駅構内図

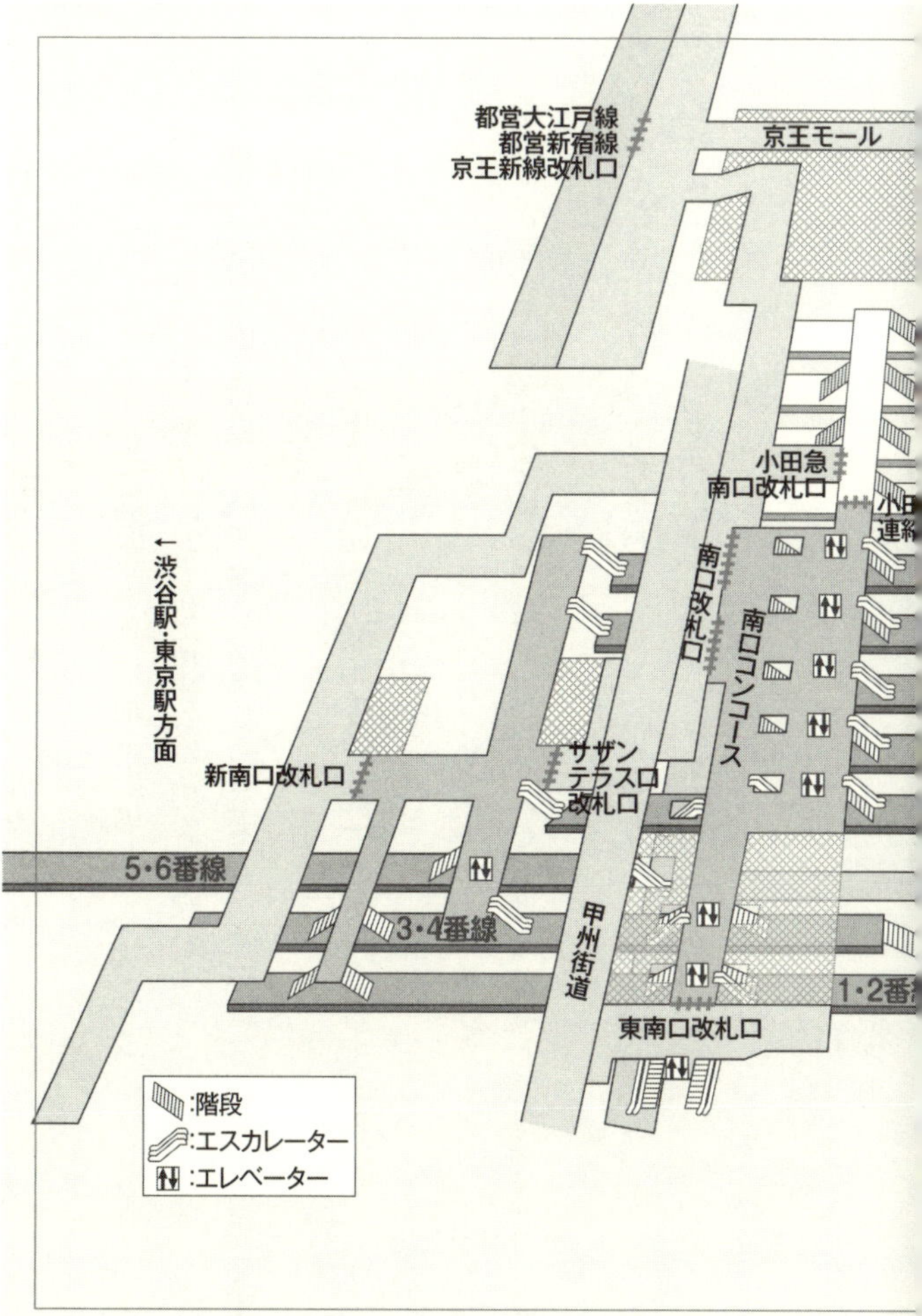
都営大江戸線
都営新宿線
京王新線改札口
京王モール
小田急
南口改札口
南口改札口
南口コンコース
←渋谷駅・東京駅方面
新南口改札口
サザンテラス口改札口
5・6番線
3・4番線
1・2番
甲州街道
東南口改札口
:階段
:エスカレーター
:エレベーター

ところで通路東側にある「アルプス広場」は、なぜ地下なのに「アルプス」なのか。

「アルプス広場」は１９７４年に開設された地下広場だが、そのころはレクリエーションの一つとして登山が大変ブームで新宿駅も登山客で賑わっていた。

夜中に出発し山へ向かう列車「急行アルプス号」もあり、乗客はアルプス広場で友人たちと待ち合わせ、その列車を待った。

登山客でごった返すこのたまり場が「アルプス広場」だったわけである。

登山客たちにとってそこは、急行アルプス号に乗って都市の喧噪から逃れ、山の見晴らしを前にすがすがしい空気を胸いっぱいに吸い込むことをしばし想像できる、夢の地下広場だったのだ。

いまではそんな登山客も、待ち合わせをしている人もあまり見ない。

待ち合わせにアルプス広場を利用する人はかなりの「通《つう》」だ。

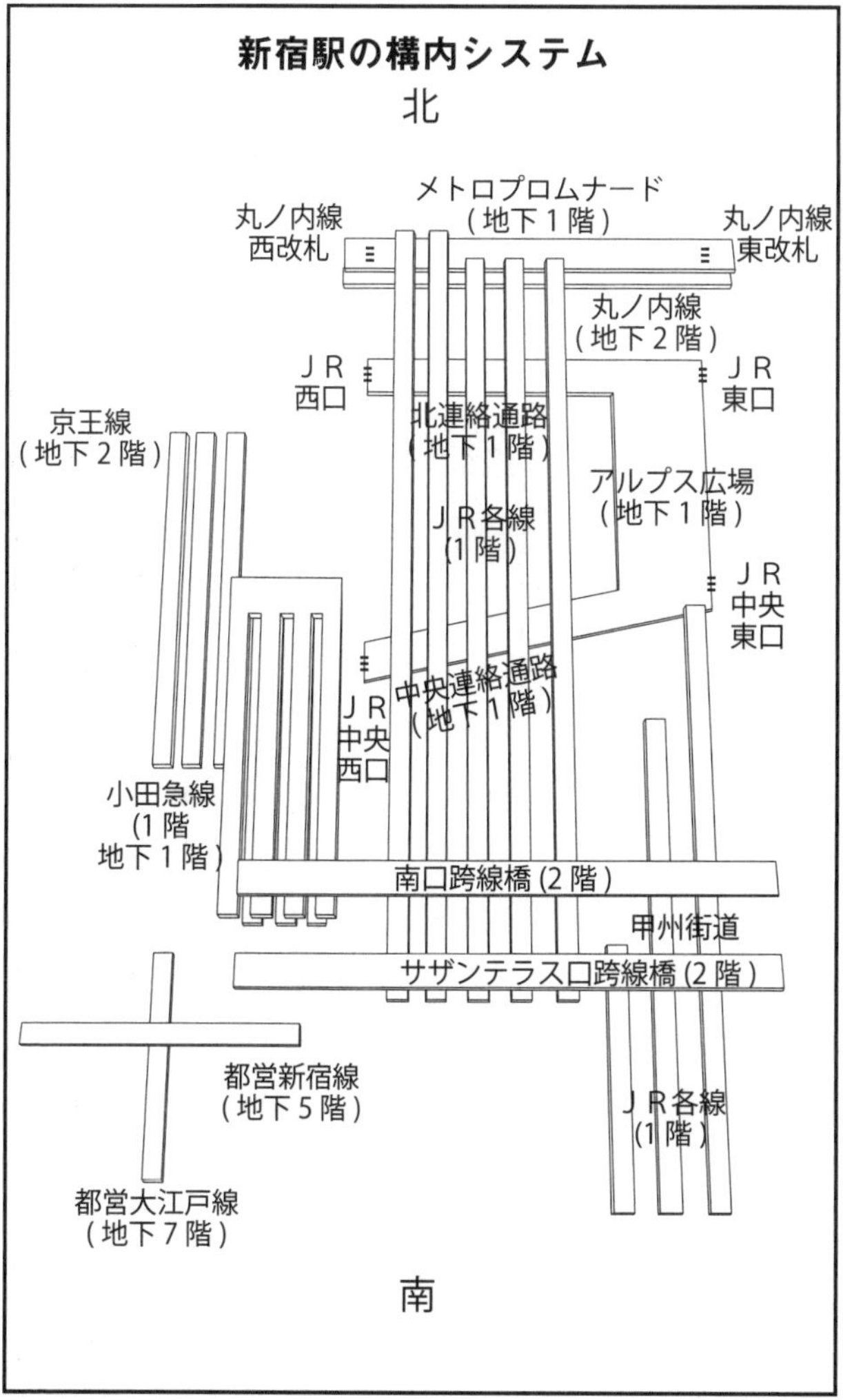
新宿駅の構内システム
北
メトロプロムナード
（地下１階）
丸ノ内線
西改札
丸ノ内線
東改札
丸ノ内線
（地下２階）
ＪＲ
西口
ＪＲ
東口
京王線
（地下２階）
北連絡通路
（地下１階）
アルプス広場
（地下１階）
ＪＲ各線
（1階）
ＪＲ
中央
東口
中央連絡通路
（地下１階）
ＪＲ
中央
西口
小田急線
（1階
地下１階）
南口跨線橋（2階）
甲州街道
サザンテラス口跨線橋（2階）
都営新宿線
（地下５階）
ＪＲ各線
（1階）
都営大江戸線
（地下７階）
南

待ち合わせるどころか、逆に絶対に会えないのは、「中央西口」改札だろう（ちなみに中央西口改札は「出口専用」だ）。先述したが西口改札と中央西口改札は、改札の中のみならず、実は外でも直接的には繋がっていない。

通路だけでなく階段と改札も含めると、そこは8叉路になっていて、『不思議の国のアリス』に出てくる、扉がいくつもある部屋を思い出させる。

この8叉路からは、上にはJR、下を見れば小田急線が見える。なんだか不思議だ。

8叉路とは次をいう（次図参照）。

・「出口専用」と書いてある中央西口改札
・15・16番線ホームへ上がる階段（左右計2カ所）
・中央連絡通路（2本）
・小田急線の改札（2カ所）
・小田急線の2カ所の改札の間にある地下へ行く階段

地下へ行く階段には「京王線連絡通路」と書いてある。

なぜ突然ここで、京王線の表示が出てくるのだろう。

実はこの地下への階段は、JR各線と小田急線と京王線の空間構造を象徴している。

新宿駅のJR各線と小田急線と京王線のプラットホームは、すべて平行（南北）に並んでいる。ところがそれぞれはレベル（階層）が異なる。

JR各線は地上1階、京王線は地下2階、そして小田急線は特殊で場所がなかったのか、地上1階と地下1階の二層にプラットホームがある（つまり8叉路から見えているのは、地下1階にある小田急線のプラットホームに停まる車両だ）。

そして8叉路に口を出している京王連絡口の下への階段が、この小田急線の地下プラットホームを下でくぐる連絡通路だ。この京王連絡通路を下がって上がると右には京王線への改札、左にはなんとまたここにも「中央西口」改札がでてくる。この中央西口改札は出口専用ではない。

ここで中央連絡通路の、もう一つの大きな役割が浮上してくる。

中央連絡通路は、JR各線のプラットホームを地下で繋ぐ重要な機能を果たしているのだが、実は中央東口から魔の8叉路へ唯一繋がる通路でもある。

上原氏も気づいたように、中央東口改札を出た左脇の券売機には、小田急線と京王線のものもある。新宿駅の東側から小田急線と京王線に乗るには、ここで切符を買い、中央東口改札で切符を通さなければならない。ちなみに隣の東口改札ではこの切符は通らない。小田急線と京王線に乗るには、あくまでも中央東口改札を利用しなければならないわけだ。

改札を抜けたあとは、目の前の中央連絡通路を真直ぐに進み、中央西口改札（出口専用）前の八叉路へ行く。このあと小田急線に乗るなら、JR・小田急連絡改札でもう一度改札に切符を通し小田急線の改札内に入る。京王線なら中央西口改札京王連絡通路を通り、抜けた先のJR・京王連絡改札でこちらも再度、切符を通す。

つまりこの2カ所はいずれも「改札の中に改札がある」構造で、同じ切符で二度改札を通らなければ目的の路線まで行くことができない。注意としては二度改札をくぐ

新宿エキナカにある8叉路

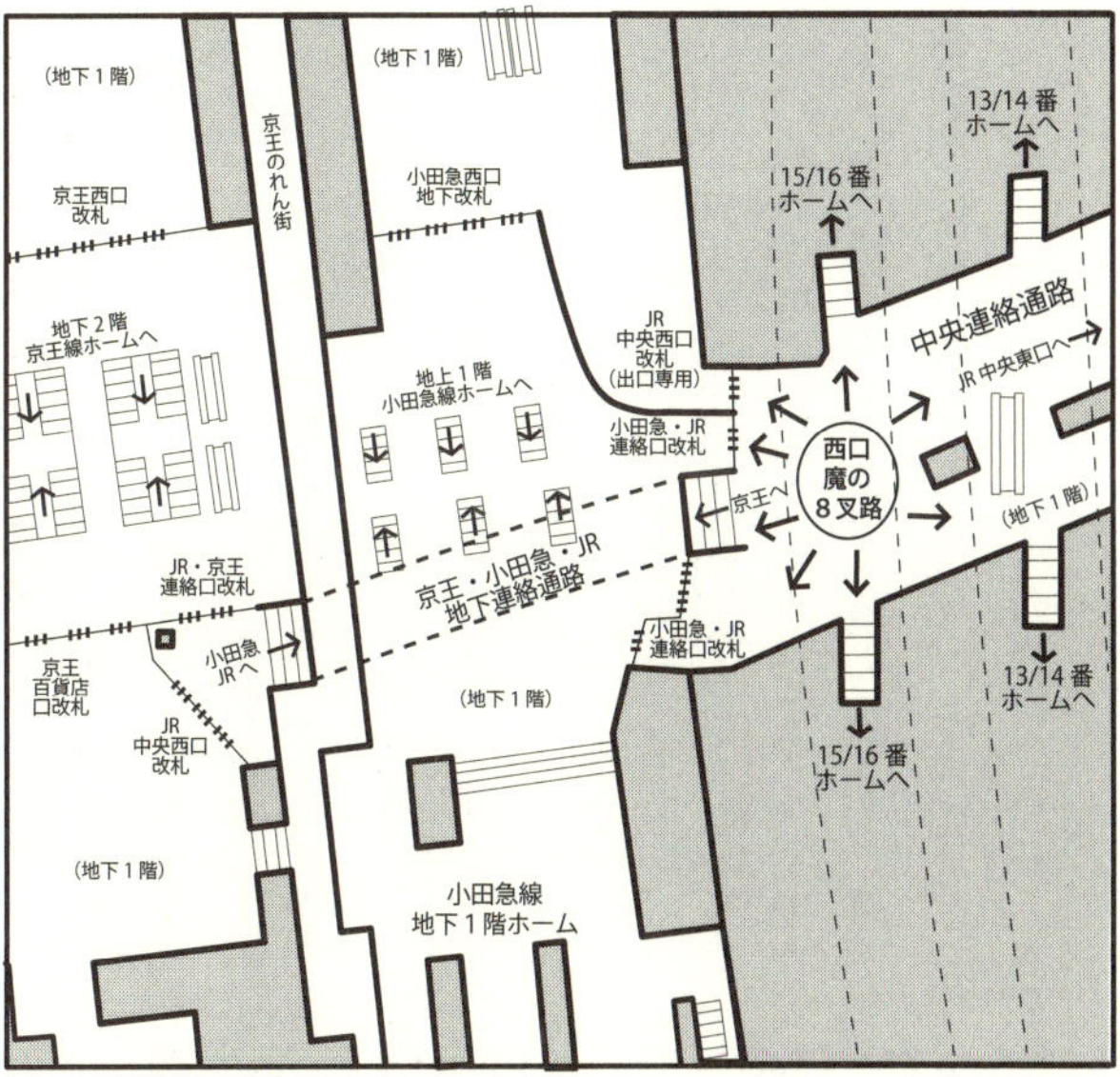

り、小田急線か京王線の改札内に入ったあと、うっかり改札を出てはいけないことだ。ＪＲの連絡通路を通り抜けた分と小田急線か京王線を通り抜けた分のダブルで料金をチャージされてしまうからだ。

新宿駅の魔の8叉路はぜひ一度経験されたし。

そこへ行って、駅全体の空間構造を想像しながら京王連絡口を降りるというのはかなり乙《おつ》である。新宿駅の空間構造「ラ」は決して侮れない。

⑥南口跨線橋《こせんきょう》（丘の上の南陸橋）

ＪＲ南口改札を出たときすぐ前を通る甲州街道の車道は、南口の拡幅工事で道幅が50メートルと広くなり、もはやそれが新宿駅の線路群を跨ぐ陸橋であることを認識するのが難しくなったほどだ。この跨線橋《こせんきょう》の上の甲州街道をはさんで、ＪＲ「南口」と「サザンテラス口」が向かい合っている。

先に甲州街道は新宿区と渋谷区の区境であると書いたが、南口があるほうは新宿区で、サザンテラス側は渋谷区である。同じ駅が行政的に分断されているのは、新宿駅の増殖の凄まじさを物語る。

実は山手線で一番標高が高い駅は新宿駅である。

これは東京の地形が西から東へ下がっているのを知っていれば想像できる。先にも尾根筋である甲州街道が、段々と高さを下げ皇居にいたることは書いた。新宿駅の標高は約38メートル。その盛り上がった丘のような地形の上に陸橋がかかっているのだから、陸橋上の南口の高さも当然高くなる（約42メートル）。

山手線内で最も標高が高いのが、江戸時代に人工的に築かれた新宿区戸山にある箱根山で、標高約45メートルであるが、箱根山にはかなわないものの、新宿駅南口が結構高いところにあることはこれでわかってもらえるだろう。

天候を伝えるテレビの実況中継では、よく新宿駅南口がでてくるが、これは東京山手線内でも、結構標高の高い特殊な場所からの中継ということになる。雨合羽を羽織りずぶ濡れになりながら、「現在の東京の天候は……」という実況中継は、実は山手線内で最も高い場所からの中継になる。

駅前商業ビル「フラッグス」前の東南口駅前広場から西側へ渡るとき、甲州街道を使う手もあるが、迷宮っぽい抜け方をしたいなら、エスカレーターを上り、JR「東南口」の脇から新宿ルミネ2に入り、「南口」改札を右目にそのまま建物内を突っ切ってみよう。そして小田急線改札を通過すると、ミロード新宿店の先に突然外に出られるところがある。出てみるとビルとビルの谷間にオシャレな店やカフェがある。これが「モザイク通り」で、小田急と京王の両百貨店のビルの間の空間を有効活用したスペースだ。

その先のスロープにも特徴あるオシャレな店が並んでいる。

このスロープは「モザイク坂」と呼ばれ、どうしてモザイクなのかといえば、かつては床に5色（黄、白、黒、青、橙色）の三角形のタイルがモザイク状に敷き詰められていたからである。同じものが渋谷駅の東急百貨店南館の1・2階の床にあり、いまでも見ることができる。スロープを降りきったところが地上となり、そこが新宿駅西口の西口交通広場だ。この抜け道は新宿駅の南口と西口のショートカットとして有効だ。

⑦新南口・サザンテラス口ウッドデッキ（ウッドデッキから最高の眺めを堪能）

「サザンテラス口」は工事中のため、ここからサザンテラスへは直接行けなくなってしまった（旧サザンテラス口はサザンテラスに直結していた）。その代わり新南口がサザンテラスに繋がっている。

1998年にオープンしたサザンテラスからは、東西の横断が最も気持ちよくできる場所だ。JR各線の線路群の上を横断するウッドデッキの張られた床舗装は、歩いているだけで気持ちよく、線路がつくりだす広い空の高い空間を「イーストデッキ」

で跨ぐとき、新しい都市体験をしている自分に気づかされる。それはとても抜け道と言うにはもったいないかもしれない。

新宿駅攻略のこれら七つの抜け道をマスターできれば、新宿ダンジョンをかなり把握できたことになる。

新宿駅西口地下にある大空洞 上原

メトロプロムナードを抜け、無事西側の「西口交通地下広場」にたどり着いた。事前に地図を見てうすうす気づいてはいたが、この広場は絶望を覚えるほどに広かった。

外へ出る階段があればすべてチェックしていくのだが、ここには見渡せばいくつも同時に目に入るほどたくさんの地上への階段があり、このあとの膨大な作業を想像すると恐怖を感じた。広場の目立つ位置に交番が置かれているのは次々生み出される遭難者のためか。

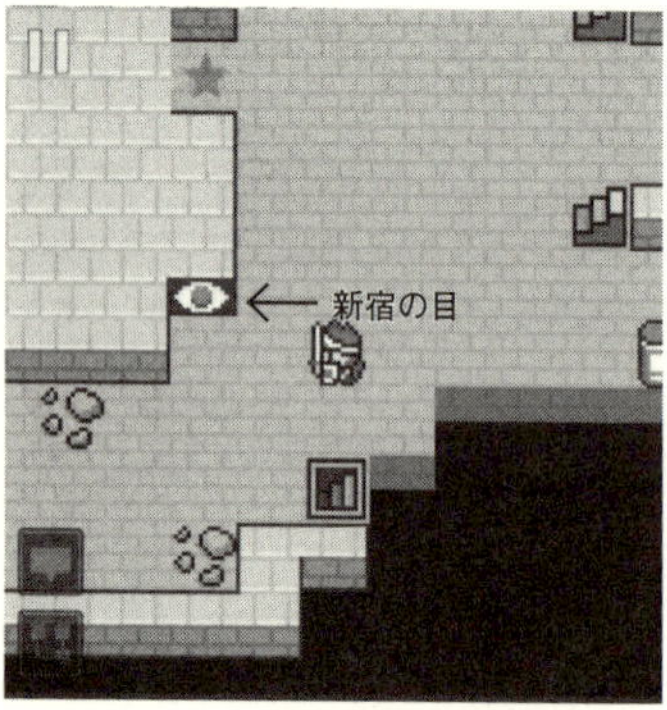

新宿の目

新宿駅の東側は大方制覇したと安心していたが西側が本番。

まだまだ先は長いようだ。

広場に点在する柱にはこの広場の案内図が掲示してあるが、「調査」という意識をもちメモも取りながら歩いている自分が見ても、さっぱり位置関係を把握できない。

この案内図は誰も理解できないと思うのだが、誰のために存在しているのだろうか。

ウロウロしていると、壁に埋め込まれて不気味に光る大きな目を発見した。

個人的にはとても怪しく宗教的な怖さまで感じてしまったが、他の駅利用者はみんな気にもとめず普通に前を通過していた。新宿で生きていくには精神的な逞しさも必要なようだ。

今回の調査はこの広場を攻略することに大半の時間を使ってしまい時間切れ。

元々今回で終わらないのは覚悟の上だったので、次回の調査で残りのルートをすべて潰せるようにしたい。

「新宿の目」の下の西口交通地下広場　田村

新宿駅西口交通地下広場で待ち合わせると言えば、決まって新宿駅西口交番前であろう。夕暮れともなると交番前はアフターファイブを楽しむサラリーマンたちでごった返し、警察官が埋もれるほどだ。

この西口交通地下広場が学生をはじめとする人で埋まり、警察の手に負えなくなったことがあった。

1960年代の、ときはベトナム戦争中。

学生たちは反戦フォークゲリラの活動拠点としてこの西口地下広場に集まり、火炎瓶を投げ、投石や放火をし、新宿駅を襲撃するまでにエスカレートしたこともあった。学生運動が激しかったころ、社会への不平不満を暴力に訴え、警察ともみくちゃになって彼らは必死に抵抗した。その舞台が新宿、そして西口交通地下広場だった。

1969年6月28日に起きた「反戦フォークゲリラ事件」では、学生と機動隊が衝突し、それ以来この広場は広場でなくなった。彼らがあまりに西口交通地下広場で滞留したため、それが駅利用者たちの迷惑となり、西口広場は「広場」から「通路」へと変更された（広場は滞留できるが、通路は法律上、滞留できない）。この法的手続きのおかげで、西口交通地下広場に滞留している人を強制的に撤去できる大義名分ができた。

美しい写真がある。それは西口交通地下広場の真ん中の、地上と地下を繋ぐ車用の丸い坂道を、それが見えなくなるほどの数の学生たちが占拠し、スロープを歩く姿を撮ったものだ。新宿を舞台に青春を謳歌した時代を写している。

この坂道は、上から見ると大きな耳を二つくっつけたような、お菓子の大耳パイに似た特徴的な形をしている。また地上部分は巨大なウツボが天に向かってちょっと傾きながら口を開いているようにも見える。ちなみにこれは換気塔だ。

ツタで覆われていれば自然の岩かなにかと間違いそうだが、周りを見回してみる

かつての西口交通地下広場のスロープ　毎日新聞社

と、バス停の屋根や階段の手すりなどにもその独特なデザインを見ることができる。駅全体は同じようなボキャブラリーをもって、広場全体を覆っている。

実はこの西口広場から小田急百貨店、バスターミナルや換気塔、上下階を繋ぐ坂道まで、そのすべては建築家、坂倉準三（1901 - 1969年）の手によるもので、これらは1966年に完成している。ちなみに先のモザイク通りも、坂倉の建築設計事務所によるところである。

坂倉準三は、フランスのパリで1930年代の10年間を、フランスの建築の巨匠ル・コルビュジェ（１８８７‐１９６５年）に師事した。１９３７年のパリ万博では日本館を手がけ、日本人のモダニズム建築家として最初に世界にその名をとどろかせた。帰国後彼は、日本のさまざまな駅ターミナルの設計を行い、１９６６年の新宿駅の完成のときは、世界で最初の立体交通広場（現在の新宿駅西口交通地下広場）をつくったことで賞賛された。まさかここが学生運動に占拠されるとは、思ってもみなかっただろうが。

西口交通地下広場は、新宿駅の迷宮（ダンジョン）の重要な役割を担っている。これは西口の玄関であり、周りの商業ビル、オフィス、飲食店や商店街と地下で連結し、うしろにそびえる超高層ビル群街への重要なアプローチとしても機能している。

西口交通地下広場から中央通り地下道へ入る入口に、「新宿の目」と題した巨大な目を表現した作品が、光を放ちながら西口広場を見張っている。これは坂倉ではなく彫刻家、宮下芳子による１９６９年の作品である。１９６９年以降、西口広場の占拠はなくなったが、滞留する人は流浪の人となり、その流れはいまも絶えない。

第5章

新宿駅を行き交う364万人とはどういう人か？

新宿駅を使う人はどこから来るのか

新宿にはなぜこんなに人が多いのか　上原

ついに3回目の上京。最初の挑戦から半年近くが経過していた。3回目にもなると新宿全体をおぼろげにだが把握でき、自分がいまどこにいるか見失うことは少なくなっていた。色々なじんでくるもので、初めて見たときは衝撃を受けた西口交通地下広場の「新宿の目」もいまでは景色の一部だ。

今回の目的の一つは東京都庁見学。

ゲーム「新宿ダンジョン」の制作は、新宿の把握も進んできたので、自作した地図をゲームのマップに書き換える作業をスタートした。

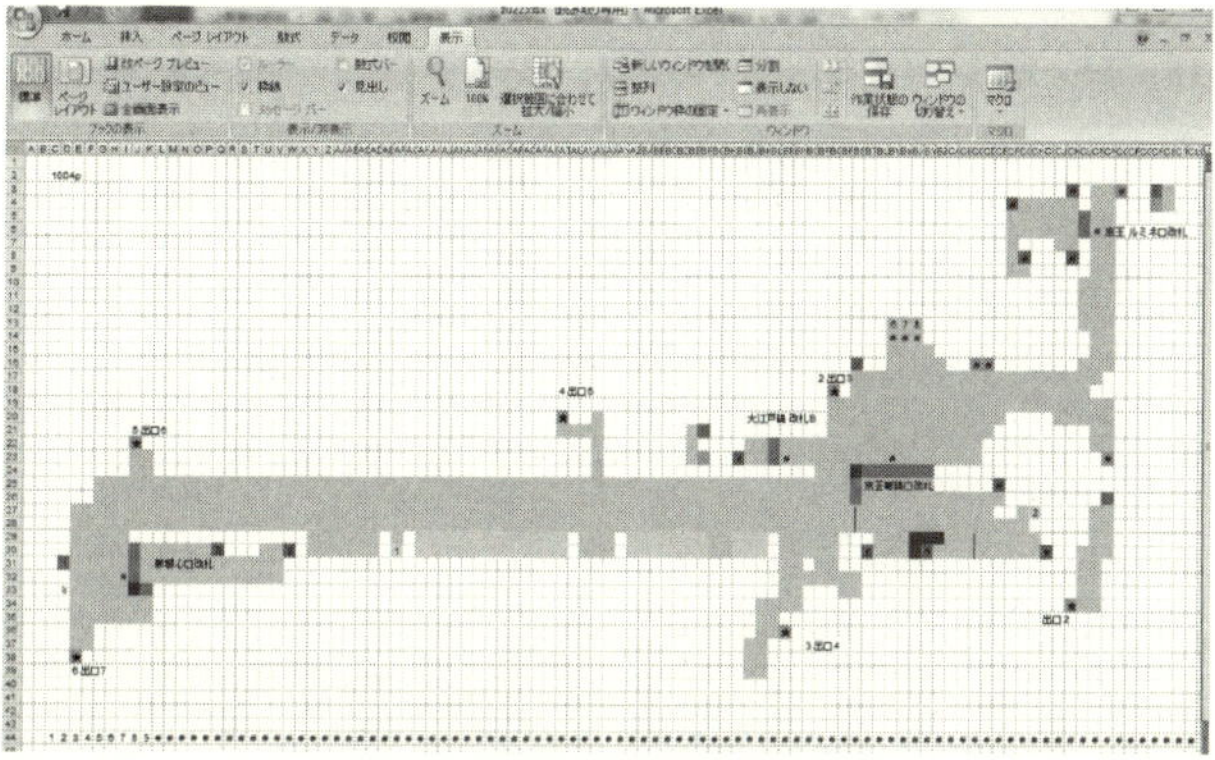

エクセルを使って地図をつくる

書き換えに使用したツールはエクセルだ。

本来は表計算ソフトだが、表を方眼紙のように利用できるため便利だ。この使い方がありなのかは、昔から論争が起きているようだが。

普通の地図と違ってゲームのマップは、ブロック単位で作成する。

縦・横方向の道なら特に問題ないのだが、斜めの道はそのままでは表現できず、ガタガタさせながら斜めを表現する形になってしまうがまあ仕方がない。

それでも実際の駅内動線を忠実に再現するよう心がけた。

グラフィック（デザイン）については、昔のゲームの雰囲気を出すようにした。

昔のゲームとはいわゆるファミリーコンピュータのころのイメージだ。

現実の駅をゲーム化するので、よりゲーム感を強く出すべく、特にそれらしい雰囲気をもつこの世代のグラフィックを選択した。中でもこの時代に生まれた「ドラクエ」をイメージして制作していく。


ドット絵を描くのは初めてだったが、この世代のドラクエが大好きだったためか、すんなり描くことができた。

ここまできたら次にゲームに欠かせないのは「ストーリー」だ。

新宿駅を舞台にするのはいいが、そこを冒険する理由づけをしなければならない。

マップ化を行いながらストーリーを構想していく。


新宿には「東京都庁」がある。

都庁の建物は高さ243メートル。

建った当時は日本一の高さだったようで、バブル経済の中で建てられたためか「バブルの塔」なんて揶揄されてもいたようだ。

このタワーはある意味権力の象徴。

見た目の迫力もあり知名度も抜群。

ラストの舞台に相応《ふさわ》しいと考え、ゲームは東京都庁を目指すストーリーに決めた。

東京都庁の地下に伝説のお宝が眠っている。

それを見つけ出す冒険だ。

「新宿ダンジョン」の制作中に、東京都知事が5000万円の裏金を受け取ったという事件があった。そこでお宝を5000万円に変更しようかとも考えたのだが、後々問題になると面倒なのでそれは我慢することにした。

スタートは新宿駅南口

ゴールが決まったのでスタート地点も決めなければ。色々検討したが、スタート地点は自分自身が新宿の調査を開始した「新宿駅南口」に決めた。

東京都庁周辺を調査してみると、自動的に動く床(歩く歩道)や、ただただ長い通路、何もなくムダに広い空間など、ゲームのようなスポットが多数見つかった。ここは本当に宝でも隠されているのではないだろうか。

それにしてもこの世界一の乗降客数をもつ新宿駅。

調査中に周りを見回すとさまざまな種類の人が行き交うのが目に入り、「これが世界一の駅の風景なんだな」と感動を覚えた。

どこにでもいるスーツのサラリーマンや買い物帰りのおばさま方、ギターをもったバンドマンや尖ったパンクなファッションの若者、メルヘンちゃんやゴスロリちゃん。髪を結った着物のお姉様。明らかにあれ系のサングラスのおじさん。女装した青ひげの男性などなど。

袈裟を着て笠を深々と被るお坊さんもたまに見かける。

チーンと鈴を鳴らしてその金属音が響く。

なぜ修行先に新宿を選んだのだろう。

西口には数十年も、同じ場所、同じ格好で詩集を売り続ける女性がいるという都市伝説のような話もあった。まさかと思っていたのだが、調査中、実際に見かけてしまった。本当に同じ場所、同じ格好で毎日見かけた。

はじめは正直薄気味悪いと思ってしまったのだが、勇気を出して話しかけてみると、とてもいい感じの優しい女性だった。数十年というのは、途中で代替わりもしていたようだ。値段も手ごろだったので詩集を1冊購入した。


新宿を歩いていると日本語だけではなく世界中の言葉が耳に入ってくる。特にアジアの言葉が多く、歌舞伎町の奥ではもう日本人のほうが少ないのではと思ってしまうこともある。こうした多くの人たちを含めて「新宿」という町ができあがっているのだろう。ここはとても雑多な空間だ。

新宿駅は雑多な人で構成されている 田村

どうして新宿駅には、こんなに雑多な人々が行き交っているのか。

ギネス世界一の364万人という記録をもつ新宿駅は、ただ単に電車を利用する人だけが使う駅ではない。説明がつかないさまざまな背景を抱えた人たちを、この駅は包み込んでいる。

新宿の特徴は、ここが都心と郊外の結節点であるということだけでなく、新宿にその雑多な人々の「居場所」があるということだろう。

新宿駅もその空間構造だけでなく、駅を利用する人がつくり出す空気がそのインテリアになっている。地下空間だけでなく、すれ違いざまにふと感じるあの「人間の湿り」のようなものが新宿の魔界をつくる。

新宿駅は、その地下迷宮の形だけでなく、迷宮を漂っている人の流れ、その質や色と一体になったものなのである。

新宿駅周辺を地図で見ていきたい。

それは強い個性をもった島が集まったジャングルのようだ。

西側の超高層ビル街は、ＪＲの線路群によって明確に棲み分けがなされているが、東側に目を移せば、「歌舞伎町」「新宿二丁目」「新宿三丁目」「新宿通り」「花園神社とその周り」「思い出横丁」と、アイデンティティをもったいくつもの島に分かれる。

新宿の島々

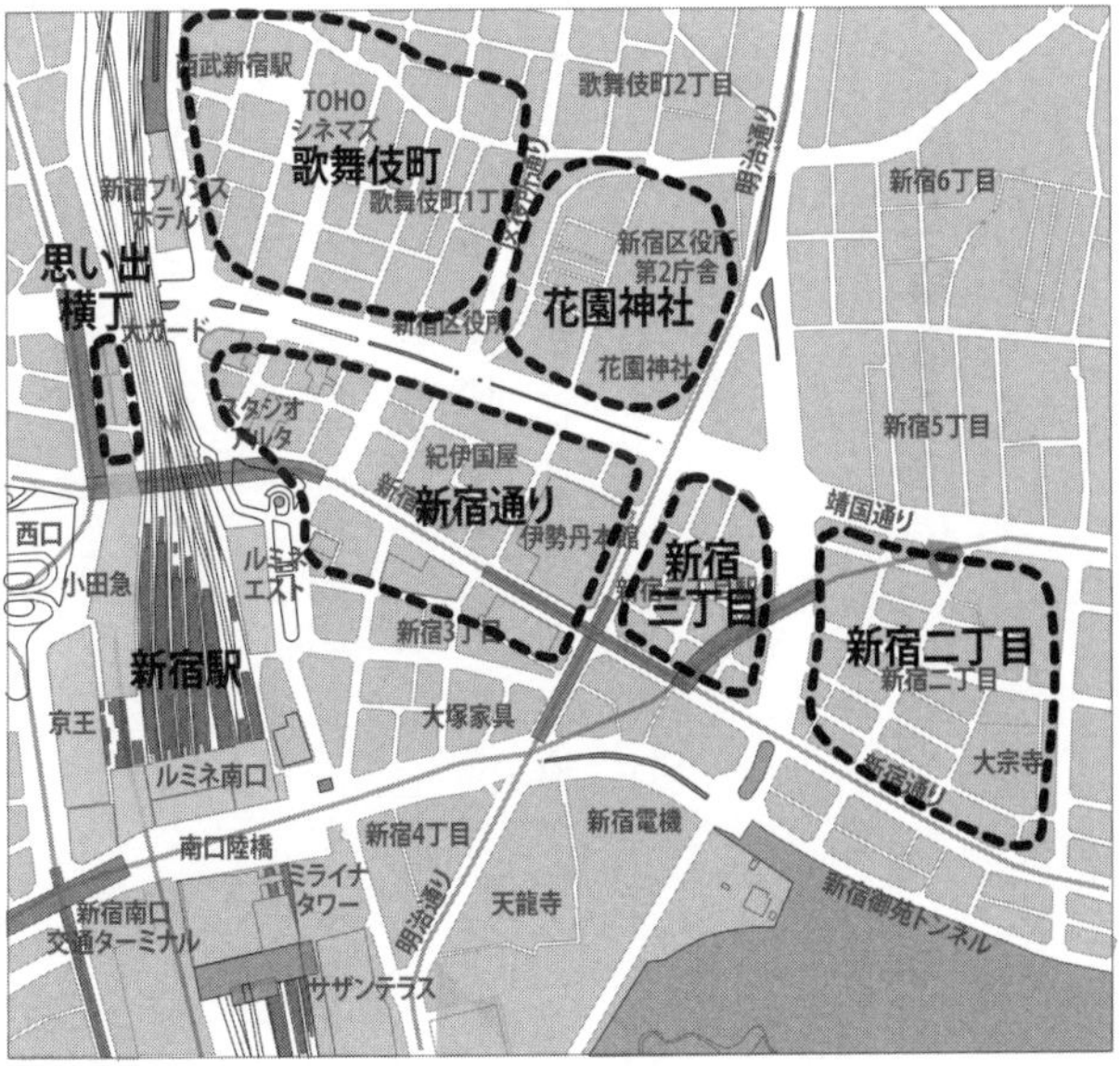

それらの島々は長い時間をかけて、そこに小さな歴史をつくる。

これらはそこに居ついた人々の「居場所」であり、特に「新宿二丁目」はその代名詞にもなっている。

いわば新宿ジャングルの島々に住む人たちが、駅を利用するという共通項だけで集まる場所が「新宿駅」なのである。各島々には共有する趣味や好みやライフスタイルといったものはなく、それぞれの島にいる限り何も接触はない。しかし駅で彼らは隣り合わせにならざるを得ない。だから新宿駅では数々の異文化の集積を見ることができる。新宿駅の雑多さは、新宿駅周辺のさまざまな島に棲む人たちがつくったものなのである。

棲み分けを行う各島は、なぜそれぞれに異なるアイデンティティをもっているのか。そしてそれはどのように形成されたのであろうか。

新宿をジャングルにたとえれば、そこには大きな葉をもつ木や、ツタのように絡んだ植物など、多種多様な生き物を見ることができる。そしてそれは時間をかけて互いに絡まり合う。しかも彼らは意外にも根が深い。400年も前からその根は生えはじめたのだから。そしてこれが新宿駅の1日の平均乗降客数を364万人にまで引き上げているのは間違いない。

徳川家康と新宿の関係　田村

新宿に人が住みはじめ、新宿の地が意識され出したのは、約400年前の江戸時代からである。新宿駅のあの雑多な雰囲気の源を知るために、ちょっと400年前にさ

江戸五街道

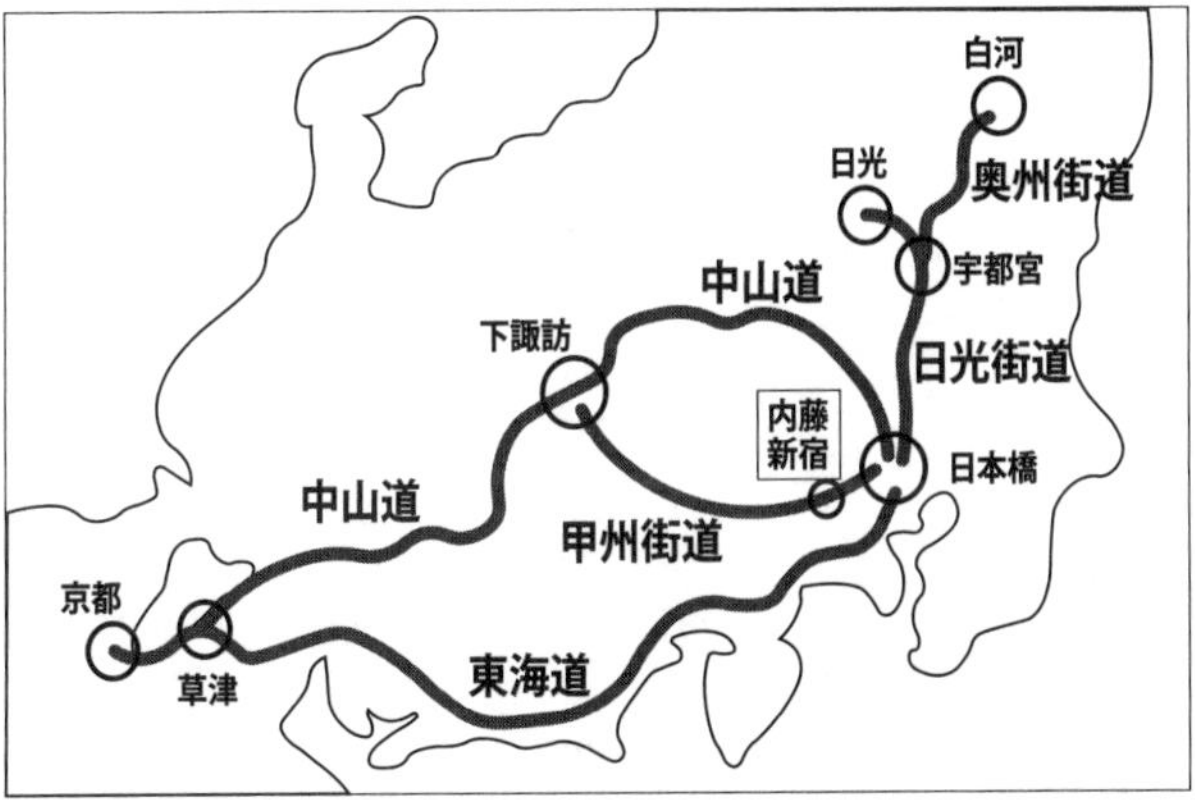

かのぼってみよう。

ときは徳川家康が天下を統一し、江戸城に拠点を構えたころまでさかのぼる。新宿はこの徳川家康の江戸幕府がなければ生まれなかった。

新宿の歴史といえば、「内藤新宿」という言葉を耳にするかもしれない。この内藤新宿とは何か。

徳川家康は日本全国を支配するため、日本橋を起点とする五つの街道の整備をはじめた。その一つが甲州街道であり、東海道、日光街道、奥州街道、中山道を含めて「江戸五街道」という。

1616年、甲州街道に、江戸への出入

口として「四谷大木戸《おおきど》」が設けられた。大きな木製の扉であることから「大木戸」というのだが、これは関所を意味し、現在の新宿通りと外苑西通りがぶつかった四谷四丁目の交差点のあたりにつくられた（次図参照）。

そこは新宿駅から1・2キロメートルほど離れているが、新宿は江戸に入るちょっと手前のこの場所から発展した。そのはじまりが「内藤新宿」である。

宿場から発展し「ハブ」となった新宿 田村

内藤新宿というのは「内藤家の大名屋敷の敷地前にできた新しい宿場」という意味である。

内藤家の大名屋敷とは、現在の新宿御苑である。

徳川家康の家臣であった内藤清成《きよなり》が、広大な土地を家康からもらい受けたのは1590年で、江戸幕府の開設（1603年）より前になる。この内藤家の屋敷の前に新しい宿場町である内藤新宿ができたのが、それからおよそ100年後だ。

内藤新宿について話す前に「宿場」の説明をしておかなければならない。宿場はその漢字から想像されるのは、温泉や宿があるレクリエーション目的のユルい場所というイメージであるかもしれない。しかし実はちょっと違う。

本来宿場というのは、幕府や藩の人や馬を運ぶためのインフラ施設で、宿場には輸送用の人や馬がいつも待機し、必要なときは彼らがその宿場から次の宿場へと人や物を運んだ。そして次の宿場へ行けば、そこにはまた別の人や馬が待機しており、次の宿場へとそれを運ぶ。宿場が点々と街道に配されていることで、迅速に人や物が目的地へと輸送されたわけである。

宿場と宿場の間は約二里（8キロメートルほど）で、宿場は街道沿いに点々と設置された。二里というのは人や馬の体力を鑑み、その効率を考えて割り出された距離であろう。つまり宿場は「駅」であり、決まった距離で点々と置かれた宿場は、現代なら「ハブ」ということである。

だから「新宿駅」は見方によれば「新駅駅」と、駅を二度並べていることになる。

当時、人が輸送されるとき、乗るのは新幹線ではないから、移動にはそれなりに時間がかかり疲れるし、日が暮れることもある。だから宿場には休憩や宿泊ができる施設も備えられていた。当初、こうした宿はあくまでメインは幕府や藩の利用であった。しかしやがては一般人も、一部、宿場を利用するようになる。

はじめはサブとして利用していた一般人が経済的に力をつけてくると、宿場は存続の維持と発展のために、一般人からの収益が経営上とても大事になる。

するとそこには食事中や食後の余興（芸能）が追加され、やがて性（売春宿）も兼ねるようになる。そして宿場は遊興の場と化していく（現代の「民営化」にまつわる諸々の話を聞いているかのようだ）。

300年前の新宿はテーマパークだった 田村

話を内藤新宿に戻そう。

内藤新宿が開設されるのは、江戸幕府が開かれてからおよそ100年後の1699年のことである。他の街道に比べると甲州街道は距離が短く、街道としての完成が遅

内藤新宿と宿場

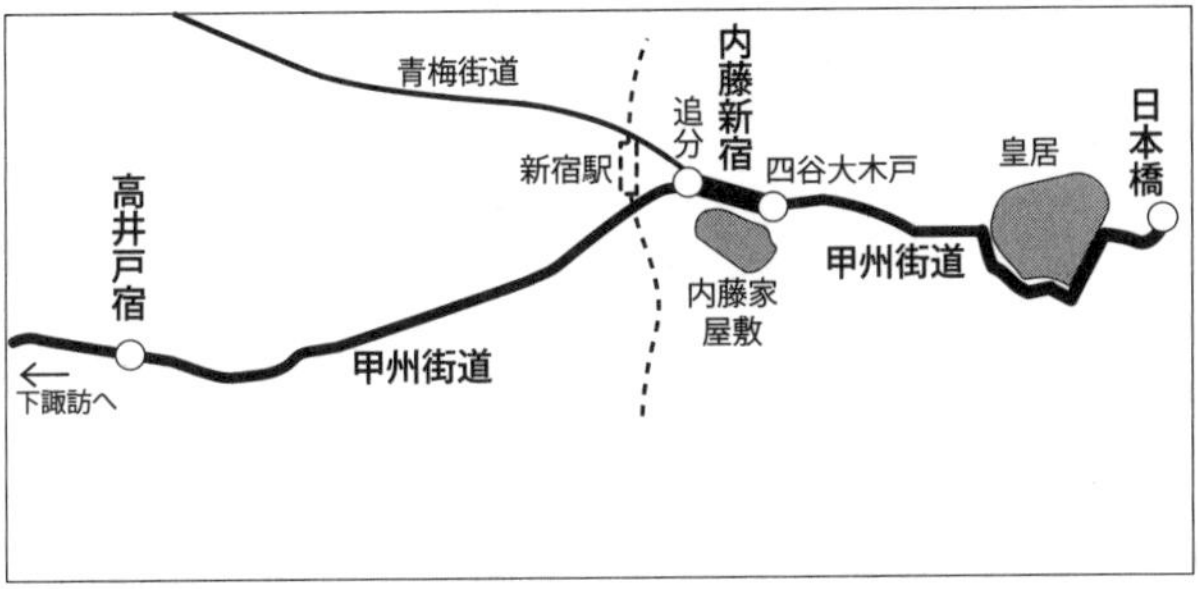

かったことから宿場ができたのも遅かったのかと思いきや、ちょっと話は違う。

内藤新宿とは、実は浅草の商人たちがプロデュースした「テーマパーク」だったのだ。

甲州街道と青梅街道のぶつかるところには、すでに「内藤宿」と呼ばれる門前町があり、それが内藤新宿として開設されたのには理由があった。

当時、甲州街道の最初の宿場は高井戸宿で、起点の日本橋からは約四里ほどあった。これは通常の2倍の距離である。そこで浅草の商人たちはここに目をつけ、日本橋と高井戸宿のちょうど中間にあたる追分（新宿三丁目交差点）に宿場の設置を願い出た。

次の年には許可が降り、四谷大木戸から追分まで、約1キロメートルにわたる甲州街道（現在の新宿通り）の両側、内藤家の門前に、1699年、新しい宿場「内藤新宿」がオープンした。

江戸四宿《ししゅく》というものがある。これは「東海道の品川宿」「中山道の板橋宿」「奥州街道と日光街道の千住宿」、そして最後にできたこの「甲州街道の内藤新宿」の四つをいう。

内藤新宿以外の三宿は、江戸から近く日帰りもできる行楽地・繁華街として大変な成功をおさめていた。そのビジネスモデルを新宿で展開するというのが内藤新宿開設の理由ではないかという考察が『新宿学』（戸沼幸市編著・紀伊國屋書店）にある（「実は江戸近郊に一大遊興地を創って、利益を得ることを図ったと思われる」――『新宿学』より）。

一大遊興地とはすなわち現代で言えば「テーマパーク」のことである。あるいは、鉄道の駅と駅前開発を一体に行う開発事業といったところか。

ここに現在まで続く新宿の二つの性格が誕生した。人のターミナル「駅」としての新宿、そしてもう一つが「性」の面をもつ新宿である。

浅草商人たちの内藤新宿の企画・構想は的中した。

そして大いに繁栄したのだが、その盛り上がりは風紀が乱れるほどであったようで、1718年に突然内藤新宿は廃止される。開設後20年である。内藤新宿がお盛ん過ぎて、幕府が危険を感じたのであろうか。その後、内藤新宿は裏寂れてしまう。

しかし新宿界隈の再生のため、内藤新宿は1772年に復活する。開設から73年、廃止から54年ぶりのことであった。

どこかのテーマパークの一件で聞いたことがあるような展開だが、これがはじまりとなって、現在の新宿の姿にまで発展したのだから興味深い。

江戸時代の私娼の宿が集まった歓楽街を「岡場所」というが、尾根筋にできた内藤新宿は周りよりもポッカリと盛り上がった丘のような地形にあることから、二つの意味で新宿は「オカ場所」であった。

新宿に集まる人々を、現在まで続く男と女の「性」の交差点としての新宿と、「駅」としての面から見てきたが、宿場町は町であるから他にもさまざまな営みがあり、それらも多くの人たちを包んできた。次は「性」、「商業」、「芸能」についてさらにひも解いてみたい。

新宿を形づくる「性」のエリア 田村

まずは再び「性」を追ってみよう。

これは現在の新宿二丁目、歌舞伎町までたどる流れだ。

時代は江戸から明治へ飛ぶ。

明治維新で新しい政府ができると、社会もがらりと変わる。ただし人間の営みは変わらないため、変わらないところも出てくる。

変わるものと変わらぬものとで「場」ができ、人が集まる。

日本がそれまでの旧体制をやめ、近代化・西洋化の道を歩みはじめると、幕府も藩もなくなり、宿場の駅のシステムも廃止された。

ところが一般人の遊興地としての宿場町はその賑わいを保った。

そして街道沿いの宿場町には点々と「性」を営む宿が並んだ。

江戸で一、二を競うほどにまで発展した内藤新宿もその一つで、内藤新宿には五十数軒の妓楼（売春宿）が軒を連ねていたというから驚きだ。

一方、「武士」という制度自体もなくなったので、内藤家の広大な敷地も内藤家のものではなくなり、その広い緑の敷地は1872年に政府の農事試験場となった。そして1879年には皇室の植物御苑となり、1906年「新宿御苑」と改称、皇室がその広い緑豊かな庭園に海外からの客人など多くの人を招くようになる。

新宿御苑とは「皇室の庭園」、つまり「パレスガーデン」である。パレスガーデンでの催しは現在でも続いていて、テレビのニュースでもときどき見ることがある。芸能人、スポーツ選手、文化人や政治家などが招待される4月の「桜を見る会」もその一つだ。

ところが皇室や客人が皇居から新宿御苑を訪れる道すがら、両側に点々とさきほどの宿が店を構えていたわけである。さすがにこれでは品性に欠けるということで、1918年、宿は現在の新宿二丁目へと移転した。

甲州街道の宿場町にあった「性」の宿が裏で一カ所にまとまったことで、新宿に

「色町」ができた。これが新宿における色町のはじまりであるとともに、棲み分けがおこり、1922年「新宿遊郭」が誕生した。

新宿遊郭は当時、まだネオンはなかったものの、さまざまな色の色ガラスを窓に使用し、現在の歌舞伎町に通じる独特でなまめかしい雰囲気をもっていたそうだ。

一方、戦後になるとGHQ（連合国軍総司令部）の介入で、政府は明治から続く公娼制を廃止させた。そして二種類の指定地域を定めた。

公認の私娼地域を「赤線」、公認されていないものは「青線」と称された。新宿では赤線が新宿二丁目で、青線が花園町一帯、新宿二丁目の一部、歌舞伎町であった。

これらはいずれも新宿通りという「表」から、一歩入った「裏」に位置している。1956年には売春防止法が出され、赤線、青線はなくなるが、風俗営業と名を変え、新宿二丁目から歌舞伎町に場所を移した。新宿二丁目からは移動しても、「場」というのは何らかの形でその影が残るもので、新宿二丁目にはいまもその空気が漂っている。

新宿を形づくる「商」のエリア　田村

続いて「商業」に移ろう。

商業については、江戸時代から続く内藤新宿の商業の重心が、西にできた新宿駅という磁場の変化によって、少しずつ追分（新宿三丁目の交差点。以下同）を超えて駅へと移動していった過程と捉えられる。

乗降客の増加とともに、じわりじわりと新宿駅の磁力が高まり、新宿商空間の重心とそこにたずさわる人たちは、駅へと手繰り寄せられた。

現在の山手線の前身である日本鉄道は、1885年に現在のルミネエストがある場所に最初の新宿駅である新宿停車場をつくった。日本鉄道は当初、南北を繋いだ貨物用列車だったため、その駅は内藤新宿から大きく（実際には西に約300メートル）離れ、周りに畑しかない場所に建てられた。

1900年代に入ると、鉄道の貨物量と乗降客が増え、駅前にはいくつか店も見られるようになった。駅は貨物の集荷所でもあったので、それは運送屋、石屋、材木屋、薪炭屋《しんたん》といった店だった。薪炭屋とは薪《まき》や炭を取り扱う店で、薪炭は当時の東京の都市生活において主要な燃料であった。

1903年には、東京市街鉄道という路面電車が甲州街道を東京市街から追分までの区間で開通した。これは追分までの内藤新宿が繁華街だったことを示している。

現在は新宿駅ターミナルの西口、地下2階にプラットホームをもつ京王線は、1915年に追分交差点を始発駅として開業した。これは甲州街道沿いを走り、西側からJRの線路群の上を跨ぐ陸橋を越え東側まで繋いだが、それは当時、新宿が西側よりも東側のほうが繁華街としてにぎわっていたことを示している。そして1927年には追分から南、現在の甲州街道と明治通りの交差点に5階建てのターミナルデパートをもつ駅を構えた。

この年に小田急線も新宿駅西側の現在の位置に開業している。

京王線の駅が現在のように西側に移動したのには、ちょっとした理由がある。

1945年、京王線の発電所が空襲に遭い、京王線の車両が跨線橋《こせんきょう》（最近の拡幅工事で幅が50メートルになった現在南口にある跨線橋。当初は木造で「葵橋」といい、1925年にコンクリート製に架け替えられた。ちなみに「葵」は徳川家の紋章で、ここに徳川家のお屋敷があったと考えられる。鉄道を敷くために土地を手放し、橋名にその土地の記憶が残ったのだろう）をどうしても越えられなくなった（その姿は終戦直前の日本の最後のがんばりに重なる）。しかし西側も賑わうようになったことから、無理をして西から東へ越える必要がなくなり、京王線は追分から新宿駅西側の小田急線の隣の敷地に引越しをしたというわけだ。

新宿駅も駅前商業空間も一変するのは、1923年の関東大震災後である。山手は被害が少なかったのだが、関東大震災で下町の多くは壊滅し、それによって山手の郊外沿線に住む人々が増え、新宿駅利用者が急増した。

1925年、現在のルミネエストの位置に国鉄が三代目新宿駅舎をつくった。鉄筋コンクリート造2階建てでアールデコ様式という、当時最もオシャレな建築スタイルをもった建物が建ったのである。周りは木造の建物しかない時代、その威容をもった姿は、新宿駅の繁栄を表した。

これもあって駅利用者が増加し、追分から駅周辺への人の流れが多くなった。そして自然と新宿通り沿いに商店が開店する。

1933年には美しいアールデコ様式で建てられた伊勢丹が、地下2階地上7階のデパートを新宿三丁目の交差点に開業した。こうして伊勢丹を含め六つのデパートが新宿の繁華街を彩ると、東口一帯は百貨店のような商業空間だけでなく、映画館や劇場といった娯楽施設も集まり出し、近代的な盛り場として発展した。

その後新宿は東京空襲でほぼ壊滅状態となり、焼け野原と化したが、1945年8月15日の終戦の翌日から、新宿駅周辺には闇市や露店が立ち並んだという。新宿の力を感じさせるエピソードだ。

三代目新宿駅舎ができ、1925年に路面電車である市電（のちの都電）の始発が追分から新宿駅前に移ったが、新宿通りの繁華街が混んでくると、それを避けるために都電の駅と線路は1949年に北の靖国通りに移された。

また1952年には高田馬場までできていた西武新宿線が現在の位置まで延伸し、西武新宿駅を構えた。この二つの鉄道線が、戦後の歌舞伎町という新しい繁華街の原動力となり、新宿駅東口界隈の戦後からの復活と、歌舞伎町の繁栄を支え、新宿を盛り上げた。

1959年には丸ノ内線が開通し、新宿通りの混雑緩和策の一つである、約1キロメートルにわたるメトロプロムナードが完成する。新宿駅にはすでに戦前から地下通路があったが、とうとう地下迷宮が新宿駅から外にできはじめたわけである。

1962年、小田急百貨店と一体となった立体的プラットホームをもつ小田急線の駅がつくられた。地上1階と地下1階からなるプラットホームである。

1964年には東口に現ルミネエスト(新宿ステーションビル/マイ・シティ)と新宿東口地下街もできる。同じ年に西口では京王新宿駅ビル・京王百貨店が完成。

1966年には西口の駅前交通立体広場が完成、地下の商業空間をつくった。そして1973年にはサブナードが完成した。

追分はこのように、昔から多くの人が行き交うことで発展してきた。

新宿三丁目の交差点へ行ってみると、江戸時代から続く新宿追分の人々の行き交い

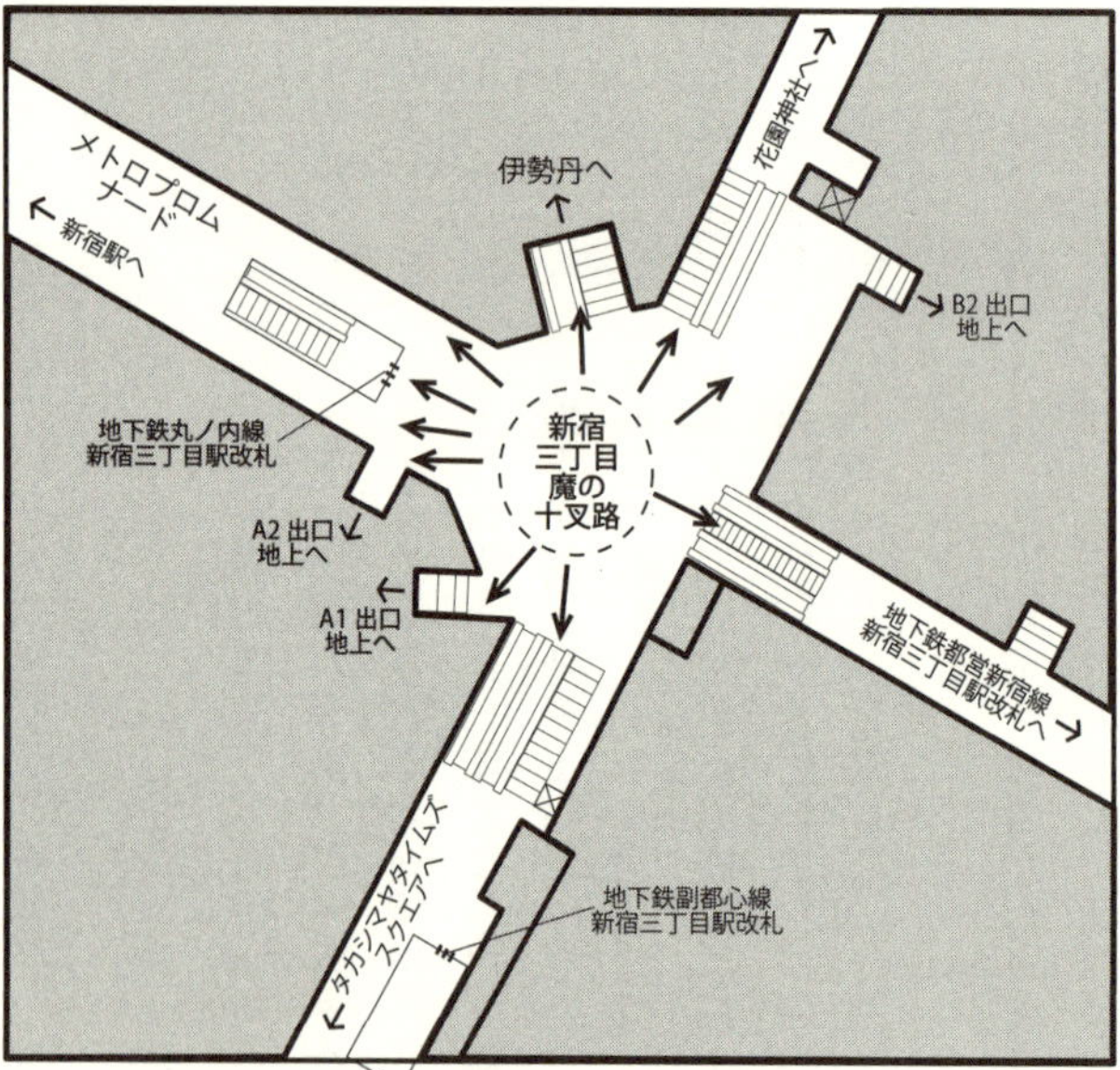

新宿三丁目は 10 叉路をもつ交差点になった

は、いまでは地下に移されていることがわかる。ここは地上では新宿通りと明治通りの十字路にあるが、地下は地下通路だけでなく、地下鉄の改札口、地上へ出る階段、さらには地下へ降りる地下通路、百貨店やビルへの出入口などがあり、なんと十叉路になっている。つまり新宿三丁目は、地上は十字路、地下は十叉路になっているのだ。

　地下の十叉路で人々が蠢《うごめ》く様子は、江戸時代から変わらない光景だろう。新宿の歴史を背負いながら、あらゆる方向へ歩く人々を見ていると、人間が本来「歩行する動物」であることを思い出させる。

余談だがこの魔の十叉路から明治通りの地下を、タカシマヤタイムズスクエアまで400メートル繋ぐ地下通路がある。途中、地下鉄副都心線の改札もある通路なのだが、歩いていると地下鉄の音が大きく聞こえると思ったら、壁面がガラスになっているところがあり、ここでは副都心線のプラットホームを乗降する人を上から見ることができる。その変化のあるデザインは400メートルという距離を感じさせず、歩くと都市的でとても楽しい。

新宿を形づくる「芸」のエリア 田村

新宿駅南口の「ルミネ2」の7階には、お笑い専門の劇場「ルミネtheよしもと」がある。「ルミネtheよしもと」は、テレビでもおなじみの有名タレントを数多く抱える吉本興業の東京拠点である。新宿三丁目には寄席の「末広亭《すえひろてい》」もあるが、ではどうしてこれらは新宿にあるのだろうか。

最後は「芸能」を見ていきたい。

現在はゴジラの実寸大の頭部を乗せた、複合インテリジェントビル「新宿東宝ビル（2015年完成）」が建っているが、その敷地には2008年まで「新宿コマ劇場」という、芸能界では殿堂入りの劇場が建っていた。

これは1956年歌舞伎町に建ち、当時客席数は最大級で、「コマ劇」と呼ばれ多くの人に親しまれた。俳優から歌手まで舞台に立つエンターテイナーにとって、ここは憧れの舞台だった。

そもそも歌舞伎町はその町名自体に芸能の遺伝子が埋め込まれている（新歌舞伎座を歌舞伎町につくるという計画もあったようだが頓挫したらしい）。

歌舞伎の由来は動詞の「傾（かぶ）く」にあり、「かぶく」とは「普通とは異なる」「常軌を逸している」という意味をもつ。現在の歌舞伎町そのものを示しているように思える。

新宿は内藤新宿の発生とともに、「芸能」の場としても発展した。

新宿には江戸時代から神社や寺がいくつかある。そのうちの一つ、芸能と関係の深い花園神社は、内藤新宿が開設するころすでにあった。花園神社のちょっと奥へ行けば、渋い飲み屋の集まる「ゴールデン街」がある。花園神社の芸能の起こりを、先の『新宿学』から引用しよう。

1648（慶安元）年尾張藩の庇護によって創建した社殿は、1780（安永九）年と1811（文化八）年に大火で焼失した。社殿を再建するためには、町民の負担が少なくないので、復興助成という名目で、境内に劇場を設け、見世物や芝居、踊りなどを興行し、収益を上げて社殿債権の費用を捻出した。花園神社の芸能は、この頃から始まった。

——『新宿学』より

戦後、新宿が若者文化の発信地となっていったとき、花園神社の境内を国内外のアーティストが舞台として使用した。花園神社は新宿で芸能の聖地であったのだ。中でも劇作家の唐十郎《からじゅうろう》が「紅《あか》テント」を建てて行った興行は有名である。

境内ではないが、その花園神社の隣の建物で演劇の公演をした人がいた。自分の職業を自分の名前で表現した寺山修司（1935〜1983年）である。

寺山修司は多才で、詩人、歌人、作家、映画監督として60〜70年代に活躍した。「天井桟敷」という演劇グループの主宰で、タブーやグロ（テスク）をふんだんに盛り込み、新宿を活動拠点に実験的な演劇を行った。これはアングラ（アンダーグラウンド）と呼ばれる演劇で、もうそれは観ることができないが、寺山がつくった映像は現存し、これを観るとそのビジュアルは衝撃的で、多様な人生を送る人々が出てくる。

そこに現代にも通じる新宿の人々の空気を感じる。それは実験ではなく新宿のドキュメントに見える。そして新宿の地下にはいまもその空気が漂っている。

新宿の島々の人たちが地下通路に蠢く様は、まるで新宿を凝縮したパレードのようだ。そこはいつも雑多な人たちでごった返し、こうした人たちによって1966年以来、新宿駅は1日平均乗降客数日本一をキープし、2011年にはギネス世界一に認定された。

新宿をプログラミングする　上原

東京都庁周辺を調査し、都庁前駅から西新宿駅まで足を延ばす。

これで新宿駅から地下で繋がっている通路一通りの巡回が終わり、地図もあらかた書き上げることができた。

調査中に逐一チェックしていた出入口は全部で166個にもなった。

なんとなくトイレの位置もチェックしていたのだが、これは40カ所。

せっかくチェックしたので、トイレの位置にはコレクションアイテムを設置し、トイレ巡りを楽しめるやり込み要素を追加することにした。このゲームをマスターすれば、新宿駅でトイレを探し回って困ることはなくなるはずだ。


地図やマップが揃えば、あとはプログラミングの世界。

プログラミングにはC++という一般的な言語を利用する。

マップの作成は普段ではありえない特殊な工程を踏んだが、ここからはいつも通りゲームを作成すればいいだけだ。
やっとまともなゲームづくりがはじまった。

第6章

西口地下迷宮の謎

近未来都市としての新宿

隠れていた地下通路　上原

4回目の調査はもう年末になっていた。

今回の調査は細部を詰めるのが目的だ。

これで地図づくりを完璧に終わらせたい。

そうすればあとはプログラミングに集中できる。

「新宿ダンジョン」の製作は順調に進んでおり、ゲームの進行ルートも固まってきた。南口からスタートし、東側を探索して西側へ。そして西新宿に寄りつつ東京都庁を目指す。偶然にも自分が調査したルートと同じになっていた。

あとは細かい謎解きやギミック（仕掛け）、そして細かい再現度のアップだ。

再現度については現地を歩いて考えるのが一番で、ゲームをプレイしている人がバーチャルとはいえ、本当に現地を歩いているように感じてほしい。

現地でゲーム内のできごとが本当に起こりそうなリアル感を出したい。

それが「新宿ダンジョン」プロジェクトの目標だ。


新宿駅に着き調査開始。

大まかな地図はもうできあがっているので、通路の角度や壁の色、床の色など、再現度向上に繋がる要素をチェックしていく。

西口交通地下広場では相変わらず人が大量に蠢《うごめ》いていた。

たくさんの階段を横目で見ながら細かい部分のチェックを進めていく。

ふと、いつもは気に留めていなかった天井の吊り下げ案内板に目がとまる。

案内板には方向を示す矢印と、新宿西口や超高層ビル街のビルやホテルの名称が書いてある。スバルビル、モード学園コクーンタワー、新宿三井ビル、ヒルトン東京……。

これらは西口交通地下広場から地下で繋がっているのでその案内なのだろう。

その中に「新宿野村ビル」の文字があるのを見つけた。

嫌な予感がした。新宿野村ビルはここからは遠い位置にあるビルのはず。

なぜここに案内板があるのだろう。

嫌な不安を抱きながら、「新宿の目」を通り過ぎてまっすぐ続く中央通り地下道へ入る。少し進むと新宿センタービルの地下出入口前にたどり着いた。なんとなくその中を覗いてみると、通路がかなり奥まで続いているのが見えた。

まさか。

すぐにビルの中に入り、奥まで歩いてみる。

するとさらに奥を指す矢印とともに「新宿野村ビル」と書かれた案内板が出てきた。

繋がっている……。新宿野村ビルへの地下通路が存在していたのだ。

その道はそのまま西新宿駅まで繋がっていたので、西口広場から西新宿駅まで直接移動することができる。

大まかな地図は完成したと思っていたところに新たなルートの追加となったので、ゲームの攻略ルートやアイテムの配置を大幅に変更することになってしまった。

この街はどこまでダンジョンなのだろうか。

ゴジラも恐れる西新宿超高層ビル街　田村

どんな建物や場所も、ゴジラ映画に出て破壊されるというのはステータスらしい。なぜならゴジラ映画ではそのときの流行や注目された建物が撮影場所に選ばれるからである。

西新宿超高層ビル街はゴジラ映画シリーズではその出演が3回と一番多く、当時のその真新しさと社会からの注目度をうかがうことができる。これは高層ビルという直立している建物がゴジラと並ぶと絵になったからでもあろう。

西新宿超高層ビル街が出たゴジラ映画の3回とは、1984年の「ゴジラ1984」、1991年の「ゴジラvsキングギドラ」、1999年の「ゴジラ2000 ミレニアム」であり、新しく超高層ビルが建つとゴジラは必ずやってきて破壊した。

1954年の最初の映画「ゴジラ」の銀座和光ビルのシーンでは、和光ビルをゴジラが覆うように立ちはだかり、それは恐怖そのものだった。

このときのゴジラの身長は50メートルだったが、それはシリーズによって異なる。時代が変わり都市の建物が高くなると、その脅威を演出するために次第に身長を高くせざるを得なかったのだ。

ちなみに先の3作品のうち「ゴジラ1984」では80メートル、あとの二つは100メートルという設定だった。

ところが身長を伸ばしたゴジラでも、西新宿超高層ビル街に見下ろされると、怯えている感がある。ゴジラが恐怖を煽るのでなく、人間がつくり出した文明に脅威を感じているように見えるのだ。自然の直立した岩であるかのように、ビル群はゴジラの前に立ちはだかる。

日本で最初の未来都市　田村

ゴジラも圧倒された新宿駅の西側を占める西新宿超高層ビル街は、実は東京全体の都市計画により計画された「副都心構想」の一大ビル街区である。

戦後の高度経済成長により日本は豊かになっていったが、東京は都心に人口が集中し過ぎることで、通勤地獄や交通渋滞など都市機能に支障が出はじめた。

そこで国は、東京の周辺都市へ人口を分散するために「副都心」を新しく整備し、オフィス機能を都心から副都心に分散する計画を立てはじめた。1958年、池袋、新宿、渋谷を副都心地区として定め、新宿については西新宿にこれを整備することが決まった。


この決定を受けた東京都は、96ヘクタールという広大な土地に新宿副都心整備計画を立てる。具体的には建物を超高層ビルにするとともに、自動車の交通のために道路を立体的にし、新宿駅西口の駅前交通立体広場の整備を行った。

1964年、東京オリンピックの年から土地の造成工事が開始され、1966年には新宿駅西口に地上と地下がスロープで結ばれた駅前交通立体広場が完成する。

西新宿の敷地では、1968年に西口中央公園が完成し、1971年には高さ170メートルの京王プラザホテル本館を皮切りに、200メートルを超える超高層ビルが次々に建っていった。1991年には建築家、丹下健三による新東京都庁舎もできた。都庁が移転したことでそこは「新宿新都心」となった。

ここは当時の都市計画、土木、建築技術の粋を結集した日本で最初の未来都市と言えるもので、立体交差した道路を車が走り、緑が豊かで、その緑の奥で超高層ビルが高々と建っている光景は、「未来的」という言葉を伝えてくれる。

ここまで車道が広く余裕があり、贅沢に緑をもった都心の超高層ビル街をつくることは、現代では難しいだろう。東京丸ノ内のオフィス街は80年代以降、ニューヨークのマンハッタンをモデルに開発されたが、丸ノ内と比べると西新宿は明らかに緑が多い。

水のターミナルとしての新宿 田村

新宿の地図を広げて西新宿を見ると、街区がきれいな3×3の格子になっており、その各街区にきれいに超高層ビルが建っているのがわかる。新宿駅の東にはこんなに整然と並ぶ四角い街区はない。

なぜ西新宿はこんなにもきれいな碁盤の目をしているのだろうか。

それを説明するには再び新宿の地形の話をしなければならない。

3×3の格子の街区

新宿7丁目
常泉院
東京医科
大学病院
青梅街道
新宿アイランド
タワービル
新宿
野村ビル
損保ジャパン
日本興亜
本社ビル
新宿
エル
タワー
ビル
ヒルトン東京
新宿
三井ビル
新宿
センタービル
東京モード
学園コクーン
タワー
新宿
住友ビル
ハイアット
リージェンシー東京
新宿駅→
中央通り
工学院大
京王プラザ
ホテル
新宿中央公園
都庁
議会棟
東京都庁
第1庁舎
西新宿
1丁目
新宿
モノリス
ビル
新宿ＮＳ
ビル
東京都庁
第2庁舎
ＫＤＤＩ
ビル
新宿ワシントン
ホテル
甲州街道
文化女子大学
代々木1丁目
新宿パークタワー

まずは玉川上水の話から。

玉川上水は江戸時代から江戸の町へ給水していた上水である。西東京にある多摩の羽村で取水した多摩川の水を四谷大木戸にあった水番所まで運ぶため、1653年、約43キロメートル水路を築いて水が引かれた。四谷までできた水は、四谷の水番所で各所に飲料水として分配された。つまり玉川上水は江戸の生命線だった。

この玉川上水は甲州街道の高井戸よりちょっと東で甲州街道に合流し、甲州街道の尾根筋が少しずつ高度を下げながら江戸へ達するのを利用して水を通した。尾根筋は街道として利用されただけでなく、上水道を通す道としても活用されたのだ。江戸で最も標高が高い新宿から水を流すわけであるから理にかなっている。新宿は水のターミナルでもあったわけだ。

明治に入り東京の都市化が進むと、水の衛生問題が注目される。

1868年に東京でコレラが大流行し、近代的な浄水場の整備が急がれた。

そこで浄水場の敷地として目をつけられたのが、東京の近郊にあり標高が高く、広大で比較的平らな土地をもった西新宿だった。ここは近代浄水場の設置に理想的な場所であり、すでに玉川上水という安定した上水もある場所だった。

そこで1898年、ここに「淀橋浄水場」が完成し、東京最初の近代水道が通った。古い新宿の写真を見ると、新宿駅の西側に大きな四角い水盤が並んでいるのが見える。それが淀橋浄水場だ。

戦後、新宿の都市化が進み、新宿駅の西側にまでその波が押し寄せると、駅近くに広大な広さを占める淀橋浄水場は居心地が悪くなり、その役割は1965年に廃止される。その跡地にできたのが西新宿超高層ビル街だ。浄水場がほとんど真四角の区画をしていたので、四角い街区を理想としたビル街がフィットしたというわけだ。

ル・コルビュジェと西新宿超高層ビル街　田村

近代建築の巨匠と言われるフランス人の建築家で都市計画家にル・コルビュジェがいる。建築を勉強する学生なら避けては通れない人なのだが、最近ではさまざまな雑誌に取り上げられ、広く知られるようになった。

実は新宿駅の西側にはル・コルビュジェに関係する建物が多い。

JR西口改札を出たところにある西口交通立体広場と小田急百貨店、京王百貨店の建物は、先述した通り、ル・コルビュジェに師事した建築家坂倉準三が手がけた。中央に斜路を配置し上下階を繋いだ形状や、巨大な換気口の形態にル・コルビュジェの設計手法を見ることができる。

東京都庁舎を手がけた建築家で都市計画家の丹下健三（1913―2005年）もル・コルビュジェを信奉していた。

そして西新宿超高層ビル街自体が、ル・コルビュジェが1920年代に思い描いた都市像を実現したものと見ることもできる。

ル・コルビュジェはニューヨークの摩天楼を賞賛しつつ批判的に見ていた。『ユルバニスム』という彼の著書の中に、ニューヨークの摩天楼が立ち並ぶマンハッタン島の写真と彼の計画を並べているページがある。それを見れば明らかだ。

ニューヨークの摩天楼は敷地いっぱいに建てられているので街路が窮屈で息苦しい。対して彼の計画は、街区の真ん中にコンクリートの大柱を建てるかのように超高層ビルを配置して、ビルの周りは緑と空気で満たされている。

ル・コルビュジェの近代都市計画は明解である。

それは①都市の中心の充血を散らすこと、②密度を高めること、③交通手段を増すこと、④植え込みの面積を増やすこと。

これを具体的な形にすると、街区は四角く、車道は直線で広く立体交差し、超高層ビルと道路の間はできるだけ空間を設け、そこには緑を植える、ということになろう。これはそのまま、西新宿超高層ビル街の記述として読める。

ただし太陽を愛したル・コルビュジェは、陽の当たらない地下に対しては何も言及していない。ル・コルビュジェの都市には地下がない。一方、西新宿超高層ビル街は魅力的な地下道で繋がっている。

「迷い」という魅力を入れて迷宮をつくる　田村

西側の「田」の地下迷宮を歩くとき、東側と違って不思議な体験ができる。東側の迷宮は地下に埋められていて地上と地下の線引きが明確だ。対して西側は地下と思って歩いていると、いつの間にか地上に出たり、地下と思って歩いているのにそこから見える景色が外だったりということがある。ちなみに前者は中央通り地下道で、後者は都庁通り地下道である。

これは西新宿の地形から説明できる。

西新宿超高層ビル街は、人工的に造成された地形であり、新宿三井ビル前から西側の中央通りではそこに向かってゆるい谷地形をつくっている。だから南北方向の車道は谷を越えるように中央通りと立体交差している。

西口交通地下広場から中央通り地下道をひたすら真直ぐ歩いて行くと、突然林立するビルの前に出るが、そこはまるで地上のようで、振り返ると中央通り地下道はトンネルのように口を開けているのがわかる。そこから地下へ行くには階段を下りなければばならない。中央通りの地下には都庁前駅がある。

また「田」の左下の地下道「ワンデーストリート」を出て都庁前通りの地下道を歩いていると、両側に地上のような光景が広がり、自分が高架下を歩いているのに気づく。

西側は地上が近代都市の理想とした直線の道路で構成されているので、その地下もさぞ直線でフラットに構成されているだろうと思いきや、地下では坂や階段で上がったり下がったり、左右に折れたり曲がったりする箇所もある。

先のル・コルビュジェの著書『ユルバニスム』の中に、道についての示唆に富む記述があるので引用する。

人間は、目的をもつゆえ真直ぐ進む。人間は行く先を知っている。どこかへ行こうと決心し、そこへ真直ぐ進む。

ろばはあちらこちらし、放心し気が散ってちょっと立止まり、大きな宝石をよけるため、坂を避けるため、影を求めるため、あちらこちらする。できるだけ努力をしない。

——『ユルバニスム』（樋口清訳・鹿島出版会）より

これが書かれた1920年代は、鉄道や自動車といった新たなテクノロジーが都市に出現し、それらが都市生活の可能性を見出しつつある時代だった。

それまで西欧の都市づくりは、これまであった道を優先して都市計画を行っていたが、過去の道は幅が狭く曲がっているので、鉄道や自動車の道としてはふさわしくなく、利用が不可能なほどだった。これではテクノロジーを都市生活に生かせない。

そこでル・コルビュジェは「これからの都市づくりは鉄道や自動車の道をしっかり計画しないと未来がない」と警鐘を鳴らしたのだ。

この記述は道についてであるが、都市、建築にまで広げても考えられる。

つまりここでいう「人間の道」とは、「車の道」と置き換えられるし、「未来の道」でもある。そしてその道は合理的、機能的に直線でなければならず、平面的には四角い都市区画となる。一方「ろばの道」とは「過去の道」であり、曲がりくねった機能的でない道ということになる。

ル・コルビュジェがこれを書いた時代から、すでに90年ほど経ったが、戦後、ル・コルビュジェの都市と建築の考え方は世界に伝播し、彼の考えに基づいた都市や建築がさまざまな形で実現された。その合理的で機能的な都市や建築は全世界を席巻した。

ところが直線や直角でできた形態は画一的で均質な空間をつくり出し、固有な場所性が失われていった。するとあまりにも「人間の道」で覆われた都市や建築に、改めて「ろばの道」が求められるようになった。

いろいろな経緯を経て、現在ではその二つが都市には必要なことがわかるようになり、「人間の道」と「ろばの道」のバランスをどのように保つかが、現在そして今後の都市のテーマであろう。

新宿の地下には両方の道がある。

「ろばの道」についてはそれが地下であるから、「ろば」というより「もぐら」であるかもしれない。もぐらの通り道は地上からも土の盛り上がりでわかるが、もぐらの道は「あちらこちら」して変化がありとても楽しい。

第7章

新宿駅の工事はなぜサグラダ・ファミリアより長いのか

新宿駅は一体いつ完成するのか？

進化を続ける新宿駅 上原

年が明けた。

地図は一応完成しているが、新宿は少し目を離すと工事が入り進化してしまう。いま制作しているマップが最新になっているかの最終確認のため、最後の新宿へ向かった。

実際にこれまでも調査の途中で工事が入ってしまい、調査のやり直し、マップのつくり直しになったことは何度もあった。

階段や通路が工事の都合で閉鎖されてしまうのもよくあることで、大きいものでは改札が丸々移動していたこともあった。

数カ月前まで別の場所にあったサザンテラス口改札が目の前に現れたときは、一人で笑ってしまったのを覚えている。

見落としがないかも注意して確認した。

実は改札を一つ見落としてしまっていたことがあった。

ネットの情報で知ったのだが、西口交通地下広場には京王線の「臨時口改札」があるという。しかし西口広場は死にそうになりながら何度も歩き、すべて調べ尽くした。

改札なんて大きなものを見落とすはずはない。

実際に西口広場を再度歩いてみても、やはり臨時口改札なんて見つからなかった。

ネットの情報は古かったりするのでもうなくなってしまったのだろうと思っていた。

しかし詳しく調べてみると、臨時口改札はまだ現役で存在していることを知った。

この改札は一体どこにあるのか？

この花屋のうしろに改札が隠されている

なぜ見落としてしまったのか。

その臨時口改札は、平日の朝、2時間だけしか使用できない朝限定の改札だった。

自分はかなりの夜型なのでそんな時間帯に確認できるはずがない。改札はその時間帯以外はシャッターが下りているという。

しかしそのシャッターでさえ見た記憶がなかった自分は、情報をかき集め臨時口の位置を突き止めるべく探してみると、なんと、臨時口は花に埋もれてしまっていた。

臨時口の利用時間が終わると、隣の花屋が商品を陳列し臨時口を埋めているのだ。


こんなの気づくわけがない。

隠し通路まであるなんて。

ここまでダンジョンだと嬉しくなってくる（この改札についてはぜひ自分で探してほしい）。

一通りチェックしたが嬉しいことに新たな進化はなかった。

駅構内に工事予定の看板があり、東と西を改札外で繋ぐ大掛かりな工事をはじめるようなことが書いてあった気もするが、それは見なかったことにした。

さあ、急いでゲームを完成させよう。

また新宿駅が変わってしまう前に。

新宿駅南口リニューアル 田村

新宿駅の抱えるプロジェクトはこれからも目白押しで目が離せない。

南口改札は、甲州街道がJR各線を跨ぐ陸橋の上に接続されている。

つまり改札を出たところが甲州街道の陸橋の上であり、改札の外をいきおいよく横切っている車は甲州街道を走っている。

以前はこの改札を出ると、陸橋の上から見える線路群の上の大きな青い空を楽しむことができた。

　しかしその景色が南口のリニューアルで大きく変わった。

　現在、南口改札を出て見える空は、全面ガラスの壁面に映っている空であり、かつての南の空ではない。それは後ろから反射して映りこんでいる北の空だ。

　南口改札を出ると、かつては代々木駅まで見ることができた伸びやかな解放感もなくなり、陸橋の上の甲州街道の両側は、建物に挟まれ以前とは異なる風景になった。

　そこに立ちはだかるガラス壁の建物が、ＪＲの線路群の上に、10年をかけ新しく完成した「バスタ新宿」である。

　2階がＪＲ新南口改札やサザンテラス口改札をもつ駅コ

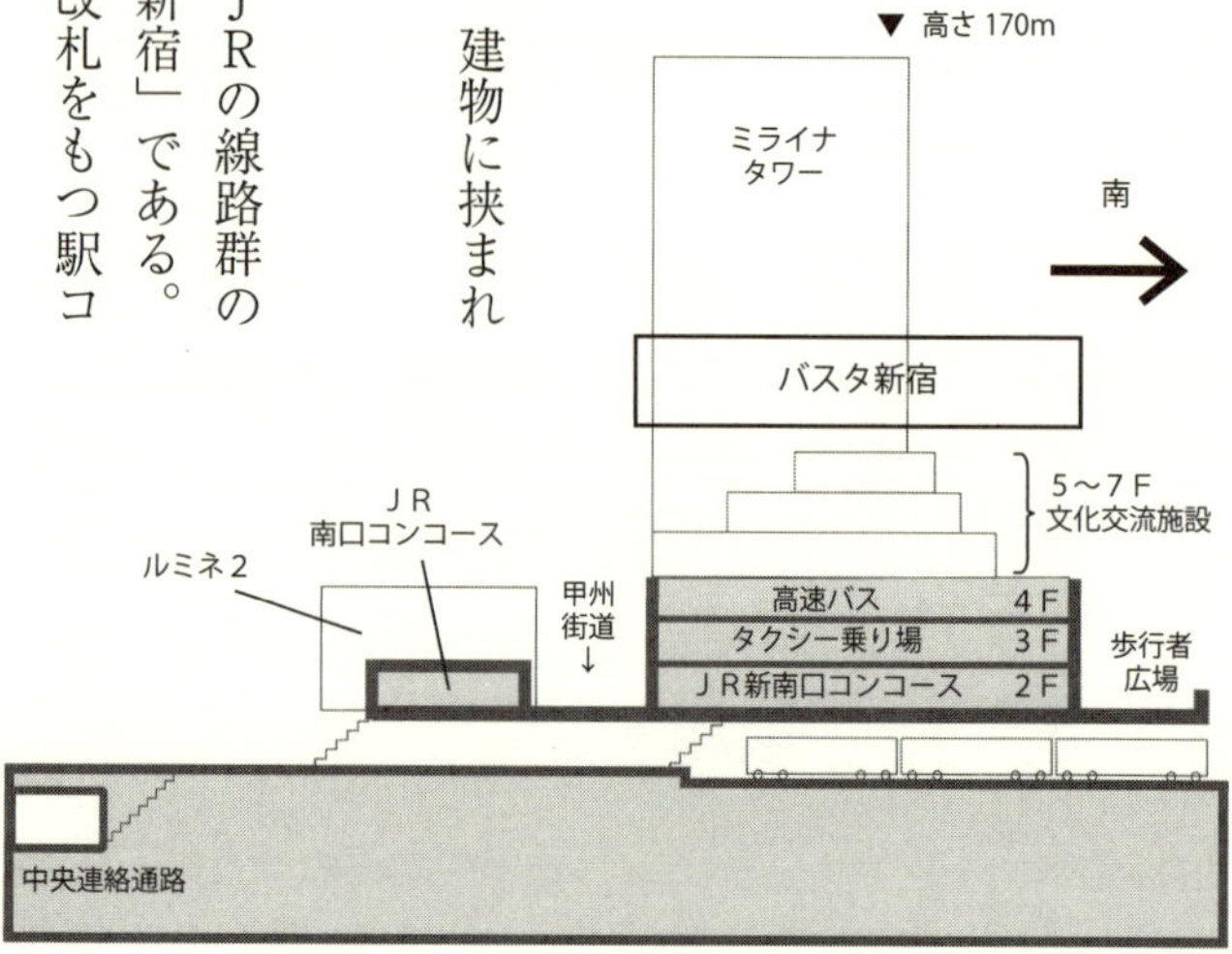

ンコース、3階がタクシーと一般車の乗降場、4階が青空に開けた高速バスの乗降場、5階から7階は文化交流施設である。

これまで駅周辺の19カ所に点在していた高速バス乗り場が、このバスターミナルに集められ、新宿駅にダイレクトに接続されたバスやタクシーの交通ターミナルができあがったことになる。1日1500本を超えるバスがここに集まるということは、単純計算で1分に1本以上発着することになる。

この交通ターミナルには、すでにある屋外デッキ「サザンテラス」と繋がる憩いの広場もある。

そのすぐ横には高さ170メートルの、低層部が商業施設でその上にオフィスが入る「JR新宿ミライナタワー」が、タカシマヤタイムズ

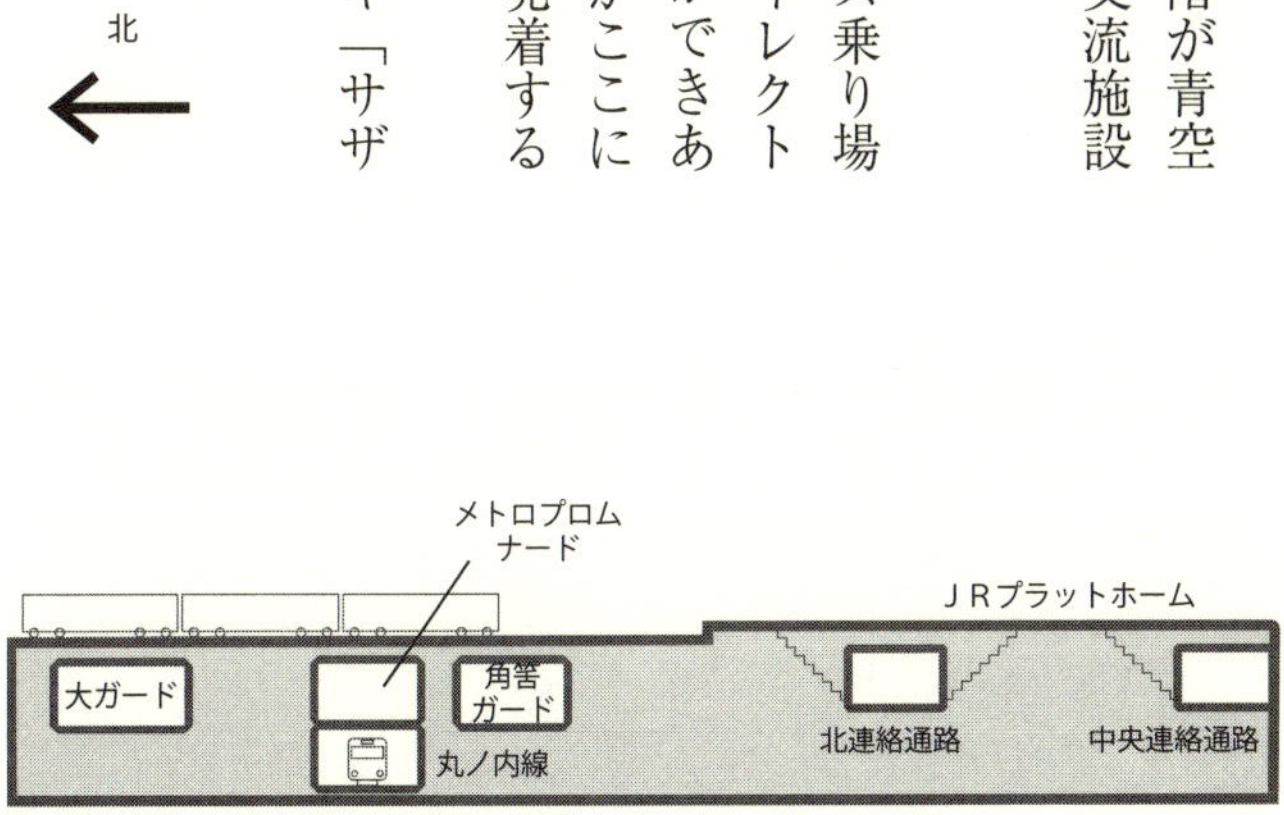

スクエアの隣にそびえている。

新たなランドマークタワーと足元に広がる線路上の都市的なパブリックテラスにより、新宿駅の南口に新宿、そして東京の新たなライフスタイルの場が生まれた。

「新宿駅東西自由通路」計画　田村

新宿駅の地下迷宮だけでなく新宿全体に多大なインパクトを及ぼす計画の工事も2012年にはじまった。

それが2020年の完成を目指して現在進行中である「新宿駅東西自由通路」である。

この通路は第4章で挙げた抜け道の一つ「北連絡通路（青梅連絡通路）」の拡幅工事であるのだが、これは通路幅を8メートル広げ25メートルにするだけではない。先に書いたが北連絡通路は、東口と西口を繋いでいるのだが、切符がないと通り抜けができなかった。しかし今回の計画では、この地下通路を切符をもたずに自由に行き来できるようになる。

いままで新宿駅は東西の行き来を拒んできたが、この自由通路はそこに大きな穴を開けることになる。そして東西に自由に人々が往来する新たな流れが、新宿駅、そして新宿全体にどのような変化を与えるかが、今後の新宿を考える上で大変興味深い。

新宿駅で必ず迷うという方々は、これで念願の風通しのよい新宿駅が手に入る（新宿地下迷宮的に言うなら、難易度が下がってしまうことにはなるが）。

さらには大新宿駅の西側地下迷宮「田」に関わる工事も進行している。

これは「田」の左上の角に位置する地下鉄丸ノ内線西新宿駅から青梅街道下に延びている地下通路「タイムズアベニュー」が、「田」の右上角の地下鉄大江戸線新宿西口駅まで接続されるというものだ。

「田」の右上の角部分である。

ここが繋がれば「田」の字が完成し、西側の地下通路による回遊性が向上するであろう。

また第4章で挙げた抜け道の一つ「大ガード」の下で、サブナードと延びてきたタイムズアベニューが接続されるという計画もあり、新宿駅東西自由通路と合わせて新宿駅の東西の回遊性が、今後の新しい新宿をつくっていくのは間違いない。

まだまだ続く新宿駅プロジェクト 田村

これは私が新宿駅のこれからを考えると「ありそうだ」と思われるプロジェクトとして紹介したい。5、6年前は風の噂として聞いたこともあったが、まだ公には聞いていない。

それは新宿駅の東西に建っている商業建物の建て替えプロジェクトである。具体的には東側のルミネエストと、西側の小田急百貨店、京王百貨店の建物が考えられる。これらは完成から50年ほど経つので、建物の老朽化を考えればそろそろ建て替えの時期ではある。最近では東京駅、品川駅、大阪駅、渋谷駅と大きな駅の前には超高層の駅ビルの計画が続いているが、世界一のターミナルである新宿駅にはどうして超高層の駅ビルが建っていないのかという声を聞く。

日本で最初の超高層ビル街である西新宿がそれを担っていたわけだが、新宿駅と西新宿超高層ビル街まではちょっと距離があるため、駅ビルとは言いがたい。

ルミネエストのビルにはかつて、2階に西武新宿線を乗り込ませるためのプラットホームを設置する計画があった。しかしこれはキャパシティーの問題で頓挫した。今回ルミネエストの建て替えがあれば、かつて計画された西武新宿線を引き込むプロジェクトを行う手はあるかもしれない。もしそうなったら人の流れを考えると、新宿駅はまた大きく変化するであろう。

最近の駅前開発プロジェクトの状況を見れば、それは必至であるように考えられる。新宿駅前の東西に、もし超高層ビルが建つようなことになれば、新宿駅の変化にはますます終わりがない。

サグラダ・ファミリアよりも長い工事　田村

スペインのバルセロナにある「サグラダ・ファミリア（聖家族教会）」は、建設中であるにもかかわらず世界遺産として登録されている。その異様な造形は訪れる者を魅了し、訪問客は世界中からあとを絶たない。

これは完成まで300年はかかると言われ、建築家アントニオ・ガウディ（1852―1926年）がつくった完成形に向けて常に工事中というイメージがあったが、この「終わらない工事」というイメージは一つのブランドとなり、工事継続のための資金集めに功を奏していたそうだ。

ところが昨今の3Dコンピュータ技術の導入等により、300年と言われていた工期が一気に短縮して、半分以下の144年になりそうだという。ガウディ没後100年にあたる2026年までに完成させようというのだ。死ぬまでには見られないと思っていたサグラダ・ファミリアの完成を、長生きすれば見ることができるかもしれないと人々は喜んでいる。

このサグラダ・ファミリアが工事を開始した年は1882年。

一方、新宿駅は1885年に誕生した。

はじまりは木造の小さな駅舎で、品川と川口を結ぶ日本鉄道品川線の途中駅として生まれたが、その品川線の着工が1884年であるから、新宿駅の着工はどんなに早くても1884年であろう。

サグラダ・ファミリアと新宿駅は、片や教会、片や駅であるのでその用途は違うが、人間がつくる建物であることに変わりはない。

そして片や世界遺産、片やギネス世界一の記録をもち、ともに世界的な建物である。さらに新宿駅もサグラダ・ファミリアも着工してから断続的ではあるが現在まで工事を続けてきた。着工の年に2、3年の差があるものの、新宿駅は常にサグラダ・ファミリアのあとを追いかけ、その競走はすでに130年を超えている。二つの世界的な建物はライバルなのだ。

ただ二つには工事の考え方に大きな違いがある。

その違いとは「完成形があるかないか」だ。

サグラダ・ファミリアはガウディの描いた立派な完成形がある。

しかし新宿駅にはそれがなく、時代時代の要請に応えつつ、その結果として現在の形がある。

「新宿駅だって完成形がなければ建物を建てられないじゃないか」と言われるかもしれないが、現在の新宿駅の形はその場しのぎの完成形の積み重ねでできている。

今回そのすばらしい完成形があるサグラダ・ファミリアは、技術革新により工期を縮め2026年という完成年をはっきり設定することができた。これによって、新宿駅が工事の長さにおいてサグラダ・ファミリアを追い抜くことは確実となった。新宿駅にはまだ終わりが見えないからである。

まだまだ数々の課題と計画を抱えている新宿駅は、その工事をこれからも続けていく。ちなみにいつも工事中のイメージをもつもう一つのターミナル駅、横浜駅の誕生は1972年で、こちらはスタート地点ですでにサグラダ・ファミリアの先を行っている。

「新宿ダンジョン」の完成 上原

最終確認も終わり、制作も最終工程に入る。

途中、何度もあきらめかけたが、無事ここまでたどり着くことができた。

あきらめることができなかったのは、それまでにかけた飛行機代と宿泊費がムダになるのを恐れたから。

もし東京に住んでいてあまり費用がかかっていなかったなら、こんな辛いプロジェクトはすぐに止めてしまっていただろう。

ある意味沖縄から通ってよかったのかもしれない。

ついにRPGスマホゲームアプリ「新宿ダンジョン」が完成した。

ケーキを求めて新宿駅で遭難してから3年。

気づけばとても壮大なプロジェクトになっていた。

アプリストアへ提出の手続きを済ませ、アップロードボタンを押す。

ついに「新宿ダンジョン」が全世界に公開された。

RPGスマホゲームアプリ
「新宿ダンジョン」完成

第8章

新宿駅の未来

暗号の示す
これからの新宿

想像以上の反響　上原

「新宿ダンジョン」をリリースした反響はとても大きかった。

ついにあの新宿を攻略する者が現れたんだと。

大手ネットニュースサイトで次々と取り上げられ、日本最大の掲示板サイト「2ちゃんねる」でも専用スレッドが立ち、2ちゃんねるまとめサイトでもどんどん取り上げられていった。

一般ユーザーの反応を見てみようとツイッターで検索してみると、リアルタイムで次々に新たなつぶやきが投稿されていき、読むのが追いつかないほどだった。

想像以上の反応だ。

「こんなゲームを待っていた」

「ついにやる奴が現れたとは」

「これで新宿を攻略できる」

など、とても嬉しい声ばかり。


喜んでくれている反応の他に「自分もつくろうと思っていたのに先を越された」という声がかなりあった。やはり他にも企んでいる人達がいたようだ。

ただ、実際につくっても途中であきらめていたのではないかと思う。

自分だって手をつけたことを何度も後悔した。

でも、結果これだけいい反応をもらえたので、最後までつくり上げることができて本当によかった。


はじめはインターネット上での盛り上がりだったが、その盛り上がりは「テレビ」

「ラジオ」「新聞」等、リアルな世界にまで広がっていった。ただのゲームアプリがここまで広がっていったのも、新宿駅の利用者がみんな「ここはダンジョンだ」と感じていたからだと思う。

この「新宿ダンジョン」をプレイして、マップを覚え、新宿で遭難する人が少しでも減ってほしい。

新宿は「田ラみ」で復習できる

田村

いよいよ終わりが近づいてきた。

そこで最後にもう一度だけ「田ラみ」について見ていきたい。

「田ラみ」の三文字はそれぞれ、漢字、カタカナ、ひらがなと日本語を構成する三種類の文字でできている。これは偶然ではない。新宿という場所と関係しているのだ。

まずは「田」。これは漢字だ。

漢字は中国でできた文字であり、基本的には人体や動物や自然をベースにそれを長い時間をかけてデフォルメしてできた象形文字である。「田」はお米を栽培するための農地の区画をそのまま漢字にしたものであり、正方形を四つに分断したもの、あるいは正方形を四つ組み合わせた形になっている。

「ラ」はカタカナである。

カタカナの成り立ちは漢字の一部分を取ってその音を表すためにつくられた記号だ。これは漢字の読み方を表記するための発音記号として生まれた。

漢字は複雑で線の数が多い形をとる一方で、カタカナはシンプルで線の数が少なくより記号的。ちなみに「ラ」は「良」という漢字の右上部分を取り出してつくられた。

「み」はひらがなである。

ひらがなは平安時代、男性的でマッチョなイメージをもつ漢字に対して、平安女性たちが自由な曲線をこなして生み出した文字である。

彼女たちは漢字を崩してもとの形がわからないほどに変形させた。ひらがなの文字に意味はなく音だけがある。そしてこのひらがなの形の美学は漢字と対抗しており、徹底して直線的なものを避けている。

直線的なものにはゆるいカーブをもたせ、自由曲線の集まりで形ができているのがひらがなの特徴である。その形に彼女たちは心情を映し出したのかもしれない。ちなみに「み」は漢字の「美」が変形されてできた。そこにはわずかな残像はあるものの、ほとんど原形は見られない。

いま「田」と「ラ」と「み」の文字についてわざわざ説明したのは、それが新宿駅の迷宮の特性を示すからに他ならない。

「田」と「み」はそれぞれ新宿駅の西側と東側の地下迷宮の形を見立てているが、それらは新宿の西側と東側の場所の成り立ちや性格も表わしている。

たとえば西側の「田」は、西新宿の超高層ビル街のようにとても漢字的で幾何学的だ。近代都市という極めて合理的に直線と四角という幾何学によって場所をつくっているのが西側である。

一方、東側の「み」は、甲州街道の尾根筋という地形に人間が居場所を築き、江戸時代、明治、大正、昭和、平成と時間をかけてでき上がった街の構造を表している。その形はとてもひらがな的であり、時間の醸成の中でぐつぐつ煮込んだ過程が形となって現れている。そこに直線は見当たらず、真っ直ぐなものものどこかでゆるく曲がっておりひらがな的である。

前章のル・コルビュジェの「ろばの道」と「人間の道」を新宿の東西に対して使ってみれば、西の幾何学的な構成の街は「人間の道」であり、東の時間の中でできた街は「ろばの道」と表わせる。

「ろばの道」と「人間の道」の違いとは、その道ができる時間の考え方の違いかもしれない。

「ろばの道」は歴史という長い時間がつくった道で、そこには多くの無名な人たちの試行錯誤の様子が見れる。一方、「人間の道」は人間がその英知を集め、完璧であろうという計画のもとにできた道である。

言うなれば「ろばの道」は自然発生的であり、「人間の道」は人工的で計画的である。この違いが新宿の東西の地下ダンジョンの形の違いに現れている。

その東西を靴紐のように直線的に地下で繋いでいるのが「ラ」である。「ラ」は左右を直線で結ぶという意味では「ミ」でもよかったかもしれない。しかし新宿駅では東口と中央東口、西口と中央西口では明らかな違いがあったので「ラ」という形をとった。「ラ」はドライに「田」と「み」を地下で繋いでいる。

「Y字」が未来を教えてくれる 田村

ここで第1章で示した、甲州街道と青梅街道がつくるY字に戻って復習しよう。新宿という場所を人が通り過ぎることで、そこに甲州街道と青梅街道という二つの道ができた。そして二つの道の分岐点である「追分」に人間の営みの種ができ、それが徐々に成長していった。

Y字の分岐点から少し西へ行ったところを南北に鉄道が走り、二つの道の間を利用して駅ができた。

駅を利用する人が増えると追分と駅の間が活性化され、駅と追分の間の新宿通りが街の中心軸として栄えた。新宿通りの地下にできた道が新宿地下迷宮のはじまりであるメトロプロムナードであった。

やがて街の発展は駅の東側だけではキャパシティオーバーとなり、駅を越え西へと発展していった。それを西で受け止めたのが二つの街道の間に張られた近代的な格子状のネット。これが簡単な新宿の街の物語である。

「田ラみ」にはY字が埋め込まれている。

「み」の中央部分は新宿通り（旧青梅街道）で、街は新宿通りを中心に北、南、東へと中心軸から放射状に展開している。

「田」は青梅街道と甲州街道二つの街道の間を埋めるように、平らな土地を利用して、近代都市構造をもった街が形成された。

そして「ラ」がこの「田」と「み」を結んでいる。

ゲシュタルト的に新宿を考える　田村

「田ラみ」は、あくまでも文字の形で、新宿の地下迷宮の形を見立てている。

そこには形のメタファー（比喩）とかアノロジー（類型）といったものはなく、ただただ新宿駅地下ダンジョンがつくり出す形が三つの文字に似ているだけだ。

それはゲシュタルト心理学でいう「ゲシュタルト」に近いと考えている。「ゲシュタルト」とはドイツ語で「形態」や「形」を意味する。このゲシュタルト心理学では、全体は部分と部分の寄せ集めではなく、まず全体があって、部分は全体に依存して現れると考え、その全体を「ゲシュタルト」と呼ぶ。

つまり部分を集めたからといって全体ができるのではなく、まず全体ありきということだ。

この考え方を新宿にあてはめれば、部分部分とは地下通路や地下街が形成する平面的な形であり、それらが繋がることで全体の形、すなわち「田ラみ」といったゲシュタルトをつくっていると考える。
たとえば最近の顔文字や絵文字などもゲシュタルトの一つと考えられる。
顔文字では文字や記号を組み合わせると、人間の表情や動きが表現される。
絵文字では、点はただの点でしかないが、それが集まると文字や絵が見えてくる。
それと同じだ。

はじめに新宿という場所性があり、その場所を示す暗号のように新宿の地下迷宮がその形を現したのが「田ラみ」と考えられないか。
地下に埋め込まれた暗号が新宿と、その未来を表している。そしてこれが新宿駅、大新宿駅、新宿ダンジョンのしくみなのである。

終わりはいつもはじまりのはじまり　上原

「新宿ダンジョン」のリリースも終わり、とりあえずのひと段落。
しかしこれで終わることはできなさそうだ。

新宿ダンジョンを知ったユーザーから、他の駅もゲーム化してほしいとの声がどんどん届く。

他にも複雑な駅はたくさんあるんだぞと。

特に渋谷駅、東京駅、池袋駅。

西は梅田駅との声が大きかった。

もう二度とつくらないと考えていたが、これほど要望があるなら仕方がない。

歩くのはとても苦手だが、足が動き続ける限り、駅のゲーム化を続けていこうと思う。

主要参考文献

新宿駅一〇〇年のあゆみ（日本国有鉄道新宿駅、1885年）
鉄道と街・新宿駅（三島富士夫、生方良雄、大正出版、1989年）
ステイション新宿（新宿歴史博物館、1992年）
東京の自然史　増補第二版（貝塚爽平、紀伊国屋書店、1976年）
新宿区地図集―地図で見る新宿区の移り変わり（新宿区教育委員会、1979年）
西新宿物語～淀橋浄水場から再開発事業まで～（岡本昭一郎編、日本水道新聞社、1997年）
新宿・街づくり物語　誕生から新都心まで300年（勝田三良監修、河村茂、鹿島出版会、1999年）
新宿学（戸沼幸市編、紀伊国屋書店、2013年）
江戸の宿場町新宿（安宅峯子、同成社、2004年）
内藤新宿昭和史（武秀雄、紀伊国屋書店、1998年）
新宿区史（東京都新宿区、1955年）、新修新宿区史（(東京都新宿区、1967年）
新宿区史―区成立三〇周年記念（東京都新宿区、1978年）
新宿時物語　新宿区60年史（新宿区、2007年）
ユルバニスム（ル・コルビュジエ、樋口清訳、鹿島出版会、1967年）
建築家坂倉準三　モダニズムを生きる―人間、都市、空間（神奈川県立近代美術館、建築資料研究社、2010年）

著者略歴

田村圭介（たむら・けいすけ）

一級建築士。昭和女子大学生活科学部環境デザイン学科准教授。

1970年東京生まれ。95年早稲田大学大学院理工学研究科建設工学（建築）修了。98年ベルラーヘ・インスティチュート・アムステルダム修了。98~99年UN Studio勤務。99~2002年FOAジャパン勤務時に横浜港大さん橋国際客船ターミナル（02年）の設計・監理を担当した。著書に『迷い迷って渋谷駅』（光文社）、『東京駅「100年のナゾ」を歩く』（中公新書ラクレ）。

tokyoplatform.jimbo.com

上原大介（うえはら・だいすけ）

沖縄で活動しているゲームクリエイター。大学を卒業後、機械組込系の開発会社に数年勤務した後、ゲームを制作するために独立。「解明は不可能」とさえ言われていた新宿駅をゲーム化したアプリ『新宿ダンジョン』を制作。RPGランキング1位を達成し、10万ダウンロードで大ヒットとされるゲームアプリ業界で50万ダウンロード以上を記録、家庭用ゲーム機にまで移植される。
http://www.uehara-labo.com/

SB新書　337

新宿駅《しんじゅくえき》はなぜ1日《にち》364万人《まんにん》をさばけるのか

2016年3月15日　初版第1刷発行

著　者　田村圭介《たむらけいすけ》　上原大介《うえはらだいすけ》

発行者　小川 淳

発行所　SBクリエイティブ株式会社
〒106-0032　東京都港区六本木2-4-5
電話：03-5549-1201（営業部）

装　幀　長坂勇司（nagasaka design）
本文デザイン　荒井雅美（トモエキコウ）
組　版　アーティザンカンパニー
地図作成　斉藤義弘（周地社）、杉浦貴美子
図版制作　昭和女子大学田村研究室（田村圭介、細谷桃子、和田貴子、松本聡子、ルリシルビア）、荒井美樹
編集担当　石塚理恵子
印刷・製本　大日本印刷株式会社
協　力　京王電鉄株式会社

ISBN 978-4-7973-8627-1